INVENTAIRE
V 40551

INVENTAIRE
V 40.551

MANUEL VULGARISATEUR
UNIVERSEL
DES

1 fr.   1 fr.

CONNAISSANCES ARTISTIQUES

Par GOUPIL et L.-D. RENAULD

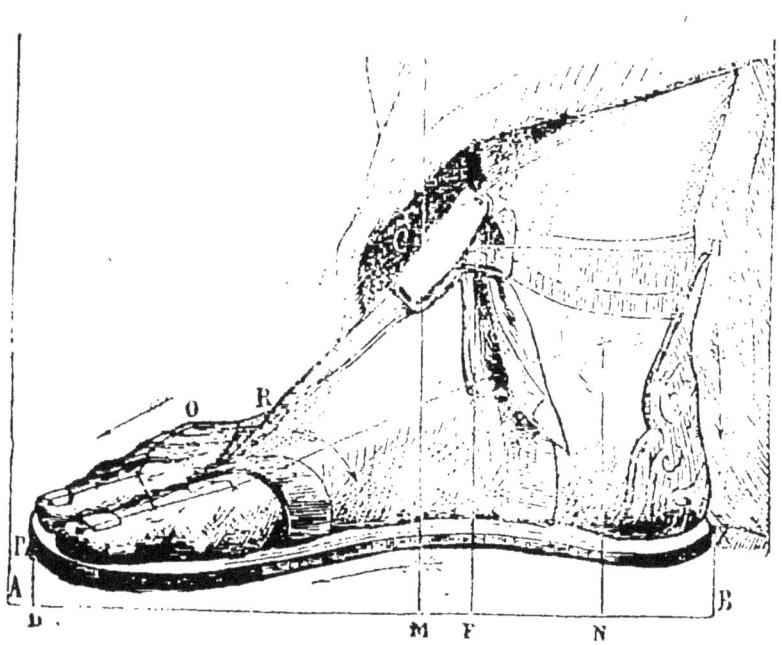

PARIS
ARNAULD DE VRESSE, 55, RUE DE RIVOLI

1858

DEUXIÈME ÉDITION

PARIS

Prix : UN franc

MAISON MARTINET

172, RUE DE RIVOLI, ET RUE VIVIENNE, 41

MANUEL VULGARISATEUR
UNIVERSEL
DES
CONNAISSANCES ARTISTIQUES

Par GOUPIL et L.-D. RENAULD

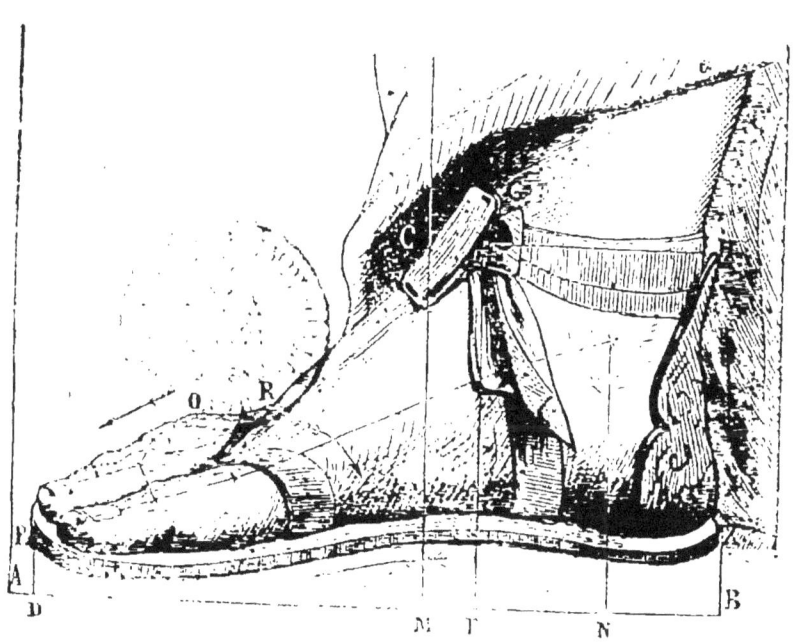

PARIS
ARNAULD DE VRESSE, 55, RUE DE RIVOLI

1868

TABLE

	Pages.
Traité du Dessin au charbon, à l'estompe, au fusain.	7
Procédés mécaniques du dessin	17
Traité du Dessin à la mine de plomb	33
Traité de Punctographie	45
Traité de la Gravure en tous genres	49
Dioramas, Lanterne magique, Fantasmagorie	65
Peinture des stores, écrans, etc.	67
Peinture sur porcelaine	69
— sur éventails, tôle, verre	70
— sur peau, plumes, etc.	71
— sur papier de riz	72
Traité de la peinture sur émail	81
Galvanoplastie	97
Galvanosculpture	101
Photogravure	108
Photosculpture	109
Hygiène artistique	113
Éducation de l'œil	128

TRAITÉ DU DESSIN
AU CHARBON, A L'ESTOMPE ET AU FUSAIN

CHARBON ou fusain est le moyen le plus élémentaire et le plus commode pour les amateurs peu expérimentés, à cause de la facilité avec laquelle il s'efface et se laisse manier pour l'exécution de tous les genres de sujets d'après nature ou d'invention. Les artistes les plus renommés de notre temps en ont tiré un parti des plus remarquables.

L'étude du fusain conduit donc à faire un dessin arrêté; son avantage permet de rectifier et perfectionner le trait et le modelé autant qu'on veut. Elle est de la plus haute importance pour l'Académie entière faite d'après le modèle vivant ou d'après la bosse. On s'en sert pour faire ce qu'on nomme des cartons ou dessins sur papier fort, dans les dimensions de figures qu'on veut peindre et pour lesquelles ils tiennent lieu de modèle; les dessins au trait se cherchent au fusain et se terminent ou repassent au crayon de mine de plomb, de sanguine, crayon rouge ou au crayon noir du Conté ou pierre d'Italie. Le fusain est surtout favorable et commode pour masser largement les ombres qu'on prépare en hachures légères et qu'on vient fondre ensuite les unes dans les autres avec le doigt, c'est ce qu'on appelle estomper; — produisant ainsi des teintes plates ou dégradées du noir au clair de l'aspect le plus velouté et le plus agréable.

Le choix des crayons-fusain est très-nécessaire. On peut dessiner avec n'importe quel morceau de charbon puisque tous les charbons donnent du noir, mais le fusain proprement dit qu'il faut se procurer pour l'exécution de bons dessins n'est pas moins digne de la plus scrupuleuse recherche que le papier sur lequel on veut opérer pour réussir.

Les dessinateurs peuvent fabriquer eux-mêmes des crayons de charbon avec des branches de saule (ce sont les meilleurs), des branches de romarin et de quelques autres bois pour faire des croquis qu'on appelait autrefois charbonnées. On taille de petites baguettes de ces divers bois qu'on renferme dans un canon de pistolet ou tout autre tube de fer dont on bouche les ouvertures avec de la terre glaise ; on peut même se borner à renfermer les petites baguettes dans une enveloppe de terre glaise et après les avoir séchées à l'ombre on les met au feu jusqu'à ce que le bois soit converti en charbon.

Les branches de tilleul qui ont subi une bonne cuisson sont préférables pour le dessin au fusain ordinaire, le ton et la qualité des noirs diffère selon les bois employés, comme les branches de cet arbre sont assez grosses on les fend en petits morceaux triangulaires avant de les cuire. Celles du saule donnent un charbon délicieux à l'emploi à cause de sa contexture égale, douce, et s'étendant grassement sous le doigt sur tous les papiers sans perdre de sa vigueur. On l'efface aussi très-aisément et sans fatiguer la surface sur laquelle on travaille, quelqu'en soit le grain. On en reconnaît la qualité à la sonorité et à la légèreté du bois, au beau noir velouté qu'il donne. Les fusains ou charbons qui ne sont pas suffisamment cuits donnent au dessin une teinte rousse souvent agréable mais qui disparaît bientôt. On efface tous les fusains ou charbons avec le revers intérieur de la peau de gant et s'ils résistent, avec de la mie de pain rassie.

Choix du papier.

Il est important que le papier sur lequel on exécute u

dessin soit bien apte à se laisser imbiber amplement par la composition (dite fixatif). On le choisira donc peu ou point collé. Un des meilleurs est le papier raisin teinté, dit à la mécanique, provenant des fabriques de MM. Montgolfier, à Annonay.

On trouve des papiers sans fin dits à la mécanique, fort peu collés qui feront sans doute un très-bon usage.

On s'assure de la perméabilité du papier en le mouillant légèrement avec un pinceau et de l'eau, ou par la simple application de la langue; celui qui boira le plus rapidement l'humidité sera le meilleur.

L'alcool peut aussi servir à cette vérification préalable.

Les papiers teintés, plus ou moins lisses, plus ou moins grenus, tels que le papier dit Ingres, et d'autres gris jaunâtres, verdâtres ou bleuâtres, fourniront des teintes locales qui joueront un rôle de coloration, qu'on s'efforcera d'approprier aux sujets qu'on voudra traiter.

Les teintes bleuâtres et grises seront d'un bon effet dans la représentation de paysages nocturnes éclairés par la lune, avec l'aide des rehauts de craie blanche ou mieux de blanc de gouache appliqués au pinceau après l'achèvement et la fixation du dessin.

Les teintes chaudes et dorées conviendront au contraire aux scènes éclairées par le soleil.

Les papiers Houart sont bons aussi, mais l'expérience et le goût se formant graduellement par le travail et de nombreux essais, fourniront à l'artiste des lumières plus étendues sur cet intéressante étude que nous ne pourrions le faire dans ce court traité.

Fixation des dessins au fusain.

Chaque papier qu'on adopte pour son travail étant plus ou moins grenu et plus ou moins perméable, on emploie pour y fixer le dessin divers fixatifs, soit au copal, soit à la gomme laque.

Le fixatif au copal se fait en mêlant du vernis copal avec de l'essence de térébenthine, il s'applique par derrière.

Le plus généralement recommandable, c'est-à-dire pouvant s'appliquer au plus grand nombre de qualités de papiers, est celui dont la composition consiste à choisir de la gomme laque blanche ou jaune, et à la laisser disssoudre pendant cinq ou six heures dans de l'alcool, en ayant soin d'agiter le flacon de temps en temps pour empêcher la gomme de se déposer au fond, on passe ensuite le mélange ainsi préparé dans un papier à filtre pour le conserver ensuite bien bouché jusqu'au moment de s'en servir. La gomme laque blanche est préférable si l'on veut fixer un dessin sur papier blanc.

La gomme jaune roussirait ou rougirait les blancs du papier en forçant la teinte des autres papiers, ce qui peut donner une coloration chaude, favorable en certains cas.

Pour appliquer un fixatif quelconque, il est indispensable de placer le papier sur un chassis de bois ou de le faire tenir suspendu par deux personnes si l'on n'a pas de chassis, puis ayant versé le fixatif dans une soucoupe après l'avoir un peu secoué, on y trempe un large blaireau ou pinceau à longs poils aussi moelleux et simple que possible, ou bien un tampon de coton ou de mousseline que l'on promène doucement et sans secousses sur l'envers du dessin. Le papier imprégné d'esprit de vin ne tarde pas à reluire à sa surface extérieure. En retournant la feuille quelques places demeurées mattes ou ternes indiquent qu'il est nécessaire de repasser du fixatif, il faut se hâter de le faire, car la couche de gomme laque une fois séchée devient presque toujours imperméable à la seconde fois.

La feuille après cette opération doit être suspendue par un coin pour achever de sécher, on peut la déposer ensuite sur une table de marbre ou de bois entre plusieurs doubles de papier buvard qui absorbe le reste des parties humides, et qu'on renouvelle plusieurs fois; quand on juge la dessication assez complète, on met la feuille en presse, la chargeant d'abord légèrement, toujours entre des papiers brouillards, on la charge ensuite un peu plus et les plis qui ont pu se former d'abord à l'humidité disparaissent bientôt entièrement.

Nous ne conseillerons jamais de passer, après fixation, sur des fusains une couche de vernis à tableau, à moins que le dessin ne soit quelque chose comme une *carte géographique* ou topographique, et qu'on tienne en la conservant sur un mur à pouvoir la nettoyer en la lavant avec une éponge. Le noir brillant et d'un aspect vitreux que prend le dessin au fusain passé au vernis à tableau est extrêmement désagréable pour les représentations de sujets artistiques pittoresques.

Une autre méthode que nous allons indiquer consiste à étendre proprement le dessin sur un marbre bien à plat, après l'avoir préalablement recouvert d'un papier de soie ou d'une pièce de gaze, et à y passer un blaireau trempé dans une solution de colle de Flandre et d'eau.

On peut essayer aussi de la colle de poisson dissoute dans l'eau avec un peu d'esprit de vin; ce fixatif est employé avec succès pour le pastel. En voici la recette tirée d'un ancien traité de peinture au pastel.

Choisissez la colle de poisson la plus nette et la plus blanche, une demi-once environ, que vous coupez en menus morceaux que vous mettez dans une carafe avec une livre à peu près d'eau bien claire. Le lendemain, vous mettrez la carafe en un poêlon presque plein d'eau sur la braise; chauffez au bain-marie pendant trois ou quatre heures sans ébullition, mais toujours prêt à bouillir; remuez de temps en temps la colle avec une spatule de bois. Au bout de ce temps la colle sera presqu'entièrement dissoute: filtrez-la alors en la transvasant dans un flacon à travers un linge; si c'est dans une bouteille, attendez que le liquide soit presque froid, sans quoi le verre éclaterait. Quand vous voulez l'employer, versez-en dans une assiette une quantité proportionnée au besoin. Joignez-y partie égale d'esprit de vin rectifié, mêlant un instant les deux liqueurs avec un plumasseau.

Pour fixer le pastel ou le fusain, placez le tableau ou dessin qui doit être le sujet en dessus, sur une table. Ayez un taffetas bien tendu sur un châssis, en mettant sur les bords de ce châssis deux ou trois morceaux de brique.

Trempez alors un plumasseau ou large blaireau dans la liqueur et passez-la légèrement sur le taffetas d'un bout à l'autre. Évitez de passer deux fois dans le même endroit. La liqueur dans le même instant pénétrera le dessin ou pastel au travers du taffetas. Otez adroitement et aussitôt le châssis et laissez sécher le sujet qui sera désormais parfaitement fixé.

La fixation des dessins au fusain dépend, pour la parfaite réussite, de l'expérience qu'on a de la perméabilité bien homogène des papiers employés. Les papiers de peu d'épaisseur s'imprègnent si rapidement et si abondamment de liqueur que le dessin au fusain s'y noie et disparaît en traînées fantastiques de noir, qui désolent le laborieux artiste. On évite ces accidents en chargeant à peine de fixatif le pinceau qu'on promène derrière le sujet.

Nous engageons donc à ne jamais opérer la fixation des dessins soignés avant d'avoir acquis l'expérience personnelle suffisante tant de la connaissance du papier que de celle du fixatif.

Pratique générale du dessin au fusain et du dessin à l'estompe.

Le dessin à l'estompe se fait avec une sorte de crayon noir très-tendre, appelé crayon de sauce, mis en poudre, qu'on applique sur le dessin (dont on a préalablement tracé le trait au fusain et repassé ensuite au conté) à la place où sont les ombres avec des petits rouleaux de papier gris qu'on nomme estompes, et qu'on frotte sur le papier pour y étendre la poudre en formant des teintes plates ou dégradées, sans qu'on y découvre aucune ligne. On peut aussi étaler le noir dit crayon de sauce avec des tampons de coton, ce qui fond et nuance la teinte en plus ou moins foncé, travail qu'on peut appliquer avantageusement dans les ciels, pour faire tourner vaporeusement les nuages. On se sert aussi dans l'estompe de petits rouleaux en peau douce ou estompes de formes analogues à celles en papier gris pour poser les nuances claires ou pour atténuer certaines teintes que l'estompe de papier aurait par trop forcées.

Les estompes de papier collé et d'autres non collé, ainsi qu'en peau, doivent être de différentes grosseurs plus ou moins affilées. Le papier collé des estompes donnant plus de vigueur aux teintes, on en a de coupées platement en biseau, qui servent à masser de grands plans d'ombre; ou les taille avec des outils spéciaux que les fabricants possèdent; mais, comme en s'en servant elles peuvent devenir raboteuses, on répare leur biseau en l'usant sur du papier de verre, car les moindres aspérités dans le plat de l'estompe formeraient des lignes noires dans les teintes de fond ou dans les masses d'ombre, dont la beauté consiste en un fondu parfaitement gradué, sans aucun placard ni aucune tache.

On fait des estompes en cuir d'agneau, mais les meilleures sont en peau de buffle et de castor ou en papier gris. On peut s'en fabriquer soi-même avec de la lisière de drap qui peuvent rendre certains services

Le but de l'estompe, en général, est d'étendre sur le papier du crayon de velours à sauce ou du noir broyé en poudre, comme le pinceau ou la brosse étendrait la couleur sur le papier en la nuançant ou dégradant.

Un dessin à l'estompe donne le relief aux objets par une seule couleur noire; c'est un camaïeu en noir, donnant le modelé par l'effet dit du clair obscur.

Les fixatifs employés pour le fusain sont également bons pour les dessins à l'estompe, et la manière de les appliquer est la même, toujours par derrière le sujet. Ne mêlez jamais le fusain avec le genre estompé.

Le fusain se travaille sans estompe, par touches hachurées d'abord, qu'on vient fondre ensuite avec le doigt. On obtient avec le fusain de charmantes études de ciel qu'aucun autre procédé ne permettrait d'obtenir avec autant de rapidité.

Il faut attaquer d'abord les plus grandes vigueurs. Dans un paysage, on commence toujours par le ciel, après avoir silhouetté le plus exactement possible la place des principaux objets qu'on a sous les yeux; on remplit ces silhouettes de hachures plus ou moins serrées, qu'on écrase ensuite avec le doigt pour avoir les valeurs des masses d'ombres par rapport aux lumières; puis on passe un tampon frotté de fusain écrasé pour obtenir les demi-teintes et ébaucher en même temps le ciel. On vient ensuite avec un morceau d'amadou ou l'estompe en peau enlever des reflets dans les ombres; on obtient les lumières franches ensuite en enlevant avec de la mie de pain rassie, car la fraîche graisserait le papier.

Le fusain se prête aussi bien aux esquisses rapides et spontanées que recherche l'artiste à l'imagination la plus ardente qu'à un fini très-avancé, cher au réaliste le plus patient. Ses moyens sont on ne peut plus commodes et simples.

La petite estompe en papier gris, le vulgaire tortillon joue un grand rôle dans le genre qui nous occupe : les lointains légers, les fines silhouettes d'arbres s'obtiennent à l'estompe de papier; l'estompe en peau en atténue la force, et la mie de pain leur donne de la fermeté et de la netteté en rectifiant et épurant les lignes; pour les touches les plus délicates, on adopte l'estompe en papier de soie. Les brosses légères et douces, trempées dans la poudre de fusain, donnent des touches très-délicates que l'estompe de liége usée et taillée au papier d'émeri, de verre, ou à la pierre ponce, vient arrêter plus fermement dans les fonds où l'estompe en moelle de sureau s'emploie aussi avec succès.

Dans la pratique du paysage, les effets grenus de la lithographie donnent une variété de contexture agréable à des terrains, à des rochers ou à des murailles en ruines, par opposition au moelleux fondu de l'estompe, établissant un contraste heureux avec les ciels vaporeux. On les obtiens en passant un peu de mie de pain fraîche sur le papier; les parcelles qui s'y attachent suffisent à former du grenu; on promène légèrement le fusain très-tendre par dessus la surface qu'on veut rendre rabotteuse, la teinte ainsi donnée se crible à l'instant de points noirs qui donnent le grenu cherché. Dans l'imitation d'un mur, si on enlève tout contre chaque point noir, et du côté d'où vient la lumière, un peu de blanc, cela donne au trou noir l'apparence d'être éclairé sur le bord et contribue puissamment à la vérité d'aspect. Ce procédé rentre dans la catégorie des moyens mécaniques (appelés ficelles par les praticiens); employé judicieusement, il peut contribuer à la perfection d'un dessin fait avec sentiment. L'usage des ficelles exige du sentiment et du tact, mais leur abus atteste l'ignorance et l'incapacité artistique.

Le fusain ne mordant plus sur un papier graissé ou fatigué, on a quelquefois recours dans les parties rebelles à l'usage du crayon Conté ou même du crayon lithographique. Ces ressources sont défectueuses : il vaut mieux retoucher au pinceau en délayant du fusain en poudre dans du fixatif, mais, après la fixation du sujet.

Inconvénients à éviter. Précautions à prendre. Usage du grattoir.

Après qu'un dessin a été fixé, le grattoir est d'un utile secours pour atténuer la trop grande vigueur dans les ciels et dans les fonds qui la plupart du temps prennent de l'intensité de noir.

Pour parer à l'inconvénient du fixage, il est prudent de commencer son dessin par les ciels et les fonds, en massant largement les silhouettes d'arbres en enlevant et ménageant les lumières; cette ébauche ainsi établie, on fixe avec un fixatif très-léger, étendu d'alcool, puis on termine le dessin avec la gomme à effacer taillée en forme de crayon.

Cette méthode est favorable à l'exécution des effets très-clairs et très-doux de brouillard ou de neige lumineux. On termine la neige par des touches de blanc de gouache appliquées au pinceau.

Les clairs de lune sur papier bleu ont besoin d'opposition de noir et de blanc violemment contrastées; nous ne conseillons donc pas d'y employer le procédé précédent.

L'estompe vaudra mieux pour y réussir.

Les tableaux de Joseph Vernet avec effets de feu sont d'excellents modèles à imiter.

TRAITÉ
DES PROCÉDÉS MÉCANIQUES DU DESSIN
SANS NOTIONS PRÉALABLES D'ART.

On appelle *dessin géométral* en architecture tout dessin qui représente un objet avec sa forme et ses proportions réduites de la même quantité et sans diminutions perspectives.

Les mots diminutions perspectives s'appliquent aux diminutions que les lignes subissent en se raccourcissant à mesure qu'elles s'éloignent de l'œil.

Le géométral d'une charpente est le tracé qui exprime la configuration et les mesures que doit avoir cette charpente.

Lever un plan. — C'est décrire sur le papier au moyen de la connaissance du dessin linéaire et de géométrie les différents angles et les diverses lignes ou longeurs dont on a pris mesure avec un instrument appelé graphomètre et avec une chaîne métrique. La construction géométrique du plan s'exécute à la planchette ou avec le rapporteur. La planchette consiste en une planche rectangulaire de bois bien sec de 30 à 40 centimètres montée sur un genou et sur un pied à trois branches. On y place une feuille de papier qu'on arrête par le moyen d'un châssis qui s'emboîte exactement autour de la planchette. Pour y tracer les lignes que l'on veut on se sert d'une règle ou alidade en cuivre munie de deux pinnules et quelque fois d'une lunette d'approche.

On trace sur le papier, en leurs lieu et place, les divers

angles qu'on a observés sur le terrain et on donne aux côtés des angles qu'on a mesurés des longeurs proportionnelles qu'on établit aux moyen de l'échelle de proportions.

L'échelle de proportion n'est autre qu'une ligne divisée en parties égales au moyen du compas. Ces parties sont destinées à servir de commune mesure aux parties du plan qu'on veut construire.

Les échelles des ponts pour prendre la hauteur de l'eau dans une rivière, sont des échelles métriques de niveau. Le niveau de l'eau est toujours établi par le plan horizontal de l'eau qui est le niveau universel.

Les baromètres et les thermomètres sont gradués, c'est-à-dire divisés en parties égales ou degrés; la ligne qui porte ces divisions numérotées est une échelle.

Les cartes géographiques et tous les plans en général offrent toujours une échelle représentant un certain nombre d'unités métriques ; sur cette échelle il suffit de reporter une longeur quelconque de distance par exemple d'une ville à une autre ville pour en lire immédiatement l'évaluation numérique en kilomètres, en milles, etc.

MISE AU CARREAU D'UN MODÈLE OU GRATICULATION.

On décalque le modèle au trait sur papier végétal et sur ce trait on dessine au crayon ou à la plume un nombre arbitraire de carrés égaux. Pour copier en grand ou en petit, il suffit de diviser le cadre, ou champ rectangulaire qu'on veut faire servir au dessin amplifié ou diminué qu'on veut obtenir en autant de carrés égaux, grands ou petits qu'en a le modèle et on copiera dans chaque carré les formes du modèle telles qu'elles existent dans le carré de même rang de l'original.

Les proportions des carrés s'établissent à l'échelle.

Si l'original est un tableau de moyenne dimension, on y forme des carrés au moyen de fils de soie blanche placés verticalement et horizontalement, se croisant à angles droits et à distances égales que l'on fixe au bord de la toile au moyen de petites boules de cire à modeler. Un autre moyen consiste à placer tout contre la toile originale un chassis de bois qu'on a préparé en y tendant des fils blancs de manière à former un nombre déterminé de carrés ou bien encore une vitre sur laquelle on a tracé avec un pinceau fin à l'huile ou à la gouache, avec du blanc, les carrés préparatoires du travail. Il faut observer de mettre le côté du tracé en dedans contre le modèle autrement l'épaisseur du trait jointe à l'épaisseur du verre ferait ombre sur le modèle.

Le compas d'arpenteur, est un compas en bois d'environ deux mètres de long et muni d'un appareil (arc de cercle mobile dans une coulisse qui soutient les branches écartées à la distance qu'on veut). Il sert à prendre sur le terrain les angles que le compas de l'étui de mathématiques réalise sur le papier.

Le compas d'épaisseur, est fait de deux branches en forme d'S assemblées à leur milieu par un clou rivé des deux côtés mobiles autour de ce clou, comme une paire de ciseaux; on saisit l'objet dont on veut connaître l'épaisseur avec deux des pointes recourbées; les deux autres pointes recourbées indiquent l'épaisseur de l'objet qui est précisément la distance qu'on mesure entre ces deux pointes opposées.

Les compas à trois branches servent à prendre les distances de trois points, ou à transporter les trois angles d'un triangle immédiatement sur un autre dessin ou papier.

Le compas de réduction n'a pas les branches recourbées; il est à coulisse, formant, lorsqu'il s'ouvre, l'apparence d'un X; sa construction est fondée sur le principe de géométrie qui établit que tous les triangles semblables ont leurs côtés homologues proportionnels.

Le compas de proportion sert à résoudre de

nombreux problèmes de géométrie; il est formé de deux règles de même longueur et plates, en cuivre, s'ouvrant à charnière comme le pied ancien des ouvriers menuisiers. Les deux règles portent des divisions.

Il est fondé sur le même principe que le compas de réduction. Les règles portent des lignes divisées avec des inscriptions intitulées les parties égales, les cordes, les polygones, les plans, les solides, les métaux, etc. L'emploi et l'usage de ces divisions est expliqué dans des traités spéciaux.

Nous parlerons seulement ici de l'emploi de l'échelle dite les parties égales.

Supposons, par exemple, qu'il soit question de trouver une ligne dont la longueur soit à une longueur donnée, comme 3 est à 10.

Ouvrez le compas jusqu'à ce que la distance des deux points marqués 10 sur la ligne intitulée des parties égales soit égale à la longueur de la ligne donnée ce qu'on vérifiera avec le compas ordinaire, la distance mesurée entre les deux points marqués 3, sera la longueur cherchée.

Le pantographe est un instrument au moyen duquel sans aucune connaissance d'art, on copie mécaniquement toute espèce de dessins, plans, gravures ou autres en les réduisant ou les amplifiant dans la proportion qu'on veut. Il se compose de quatre règles plates ajustées ensemble sur quatre pivots, formant entr'elles un parallélogramme. La disposition en est telle que, lorsqu'avec une pointe adaptée à l'une de ces règles prolongées, on suit les contours d'un dessin, un crayon ajusté au prolongement d'une autre règle reproduit ce dessin plus grand ou plus petit, selon la position qu'on a donnée au crayon traceur.

Le diagraphe est un pantographe qui a été perfectionné par M. Gavard. Il se compose d'une lunette étroite et mobile à l'aide de laquelle l'œil suit les divers points des contours qu'on veut reproduire; 2° d'un curseur adapté à la lunette et muni d'un crayon qui retrace, sur le papier, des lignes analogues à celles que parcourt le rayon visuel. C'est, pour ainsi dire, la perspective mécanique.

On peut à volonté, par ce procédé, obtenir une même vue dans des proportions différentes. La collection très-belle de toutes les gravures de tableaux et points de vues du musé de Versailles a été exécutée par le moyen du diagraphe Gavard qui a permis d'en faire un chef-d'œuvre de précision et d'exactitude.

DESSIN SANS MAITRE D'APRÈS NATURE.

Le traité des considérations sur la perspective par Léonard de Vinci est précédé d'un procédé pour décalquer des objets situés derrière une vitre fixée verticalement devant soi au moyen de deux tasseaux à coulisse établis solidement sur le plan d'une table de bois horizontale. On se place bien en face de la vitre et on regarde l'objet par un trou appelé oculaire qui termine une règle placée perpendiculairement à la table et parallèlement à la vitre.

On peut, plus simplement même, se construire un oculaire avec un rond de carton grand comme une pièce de vingt sous et percé d'un trou pour regarder. On fixe le rond de carton embroché dans une épingle noire qu'on fait pénétrer dans la bougie d'un chandelier qui vient alors servir comme tige de support. Ce trou est ce qu'on nomme l'oculaire ou point de vue perspectif. On peut le placer plus ou moins haut sur un chandelier dont la hauteur peut varier à volonté. Pour opérer, on place le chandelier qui porte l'oculaire entre soi et la vitre; l'exactitude du dessin tracé sur la vitre dépend entièrement de la stabilité du point de vue. On doit regarder en approchant l'œil droit le plus possible du trou oculaire et on tracera alors avec une plume et de l'encre, dont Léonard donne la composition, mais en ayant la précaution de passer avec un chiffon un peu d'essence de térébenthine qu'on laisse sécher sur le côté du carreau sur lequel on va tracer le calque des objets qui sont derrière, on dessinera plus facilement avec la pointe d'un crayon lithographique. Le trait terminé au crayon gras est ensuite relevé au moyen d'un papier végétal qu'on pose sur la vitre, mise à plat sur un papier blanc et sur lequel on repasse à la mine de plomb les contours des objets décalqués à la vitre. Abraham Bosse a répété la même expérience et de nos jours Mme. Cavé a donné son nom au châssis de gaze employé dans sa méthode pour relever un trait au fusain d'après la bosse. Le châssis de gaze, s'il n'est soutenu par une vitre, a l'inconvénient de ployer sous le poids de la main et s'oppose par conséquent à la perfection du travail.

L'avantage énorme du calque à la vitre d'après nature est d'initier aux lois de la perspective par l'observation pratique des modifications des formes qui s'opèrent à nos yeux suivant la hauteur du point de vue.

On se rendra particulièrement compte de la fuite et des raccourcis de lignes en copiant ainsi des solides géométriques que l'on aura construit soi-même avec du carton. On placera ainsi, devant soi, sur des planchettes en verre parallèles à l'horizon, comme autant d'étagères, les principaux solides : le cube, la pyramide, le cône, etc. On placera ces planchettes les unes au-dessus c'est-à-dire plus haut que le point de vue ou oculaire, les autres plus bas et au-dessous et d'autres à la hauteur du point de vue et dans le plan de l'horizon.

On remarquera que, dans ce cas, la feuille de verre ne présentera que la tranche c'est-à-dire son bord linéaire de façon que l'œil ne verra ni le dessus, ni le dessous; et, après avoir placé les solides successivement sur les différentes étagères, on en fera le calque, dont le dessin relevé sera l'exacte perspective des objets placés soit au-dessus, soit au niveau, soit en dessous du point de vue. La boule est la seule forme de solides arrondis qui ne subisse pas de déformation dans son contour.

DESSIN SANS MAITRE OU DESSIN MÉCANIQUE DES SILHOUETTES
ET PROFILS.

L'instrument appelé **physionotrace**, destiné à dessiner mécaniquement des portraits, se compose de deux parallélogrammes appliqués sur un tableau ou planche en bois placé dans une situation verticale, et qui ont pour objet de maintenir parallèlement à elle-même la règle qui porte l'objectif et le rayon visuel. Un fil que l'on raccourcit à volonté donne au dessinateur la facilité de donner au portrait la dimension qu'on veut. Le modèle, qu'on place toujours devant soi et en profil doit, bien entendu, conserver pour la réussite du dessin une parfaite immobilité.

Le physionotype est un instrument inventé par M. Sauvage, pour prendre l'empreinte en creux du visage et qui, une fois cette empreinte obtenue, sert de moule pour y couler un plâtre qui en donne la reproduction en relief. Il consiste en une plaque ovale percée d'une infinité de petits trous très rapprochés et à égale distance les uns des autres, traversés par des tiges métalliques ou sortes d'aiguilles à tricoter, glissant dans ces petits trous toujours parallèlement à elles-mêmes et d'égales longueurs, offrant à l'œil une surface serrée comme la surface d'une brosse. En y enfonçant le visage les tiges s'enfoncent selon le plus ou moins de saillie des traits et il ne reste plus qu'à fixer les tiges; cet effet se produit en remplissant d'un mélange de Saindoux et de cire l'intervalle des aiguilles. Le refroidissement solidifie le tout et on peut alors couler le plâtre dans le creux.

Calquer est une opération du dessin qui consiste à reporter exactement sur le papier, en les suivant avec un crayon les formes d'un dessin placé dessous. Le plus simple moyen est le calque sur papier ordinaire qu'on pose sur le dessin modèle en s'appuyant sur une vitre, quand le papier ordinaire est assez transparent.

On calque généralement avec du papier transparent qu'on nomme papier serpente, papier pelure ou du papier végétal qui est le plus transparent. On peut calquer au crayon ou à la plume.

Le papier végétal est un papier transparent qui se fabrique avec la filasse de chanvre ou de lin prise en vert.

Décalquer consiste à transporter sur un papier blanc sur bois, pour la gravure, sur pierre lithographique, sur toute autre surface plane, ou courbe le trait d'un modèle dessiné qu'on veut reproduire.

TRANSPORT D'UN DÉCALQUE SUR PAPIER ORDINAIRE

Le plus grand soin de propreté est indispensable pour réussir.

On doit, sur le modèle donné, avec un crayon de mine de plomb plutôt un peu dur et taillé très-fin, faire le calque, c'est-à-dire obtenir le trait en le tenant autant que possible d'une égale grosseur, c'est-à-dire sans appuyer plus dans un endroit que dans un autre et si la gravure est ombrée, on néglige les ombres ; ce trait terminé ; on choisit un papier blanc convenable ou un papier teinté si le besoin l'exige, d'un grain plutôt fin que trop gros, et l'on prépare avec la règle ou le compas la place, c'est-à-dire le cadre carré long dans lequel doit être reporté le dessin. On y place convenablement le décalque sur papier végétal qu'on vient de tracer et après avoir eu la précaution d'y tracer les quatre angles du champ carré du dessin pour pouvoir replacer le décalque s'il se dérangeait, on interpose entre la feuille de végétal et celle sur laquelle on veut faire le transport une autre feuille de papier très-mince frottée préalablement de mine de plomb. On suit alors avec un poinçon en ivoire, un crayon très-dur ou toute autre pointe, le contour du décalque et le crayon dont la feuille intercalée est enduite se dépose sur le papier. On a soin de ne pas appuyer outre mesure. Au lieu de mine de plomb, le besoin exige quelquefois que le papier léger soit frotté de vermillon en poudre, de sanguine ou toute autre couleur, mais pour ne pas salir le papier, il faut avoir soin que le papier de mine de plomb ou chargé de toute autre couleur ne soit pas gras ni trop chargé, on l'essaie avant l'emploi définitif, et on doit enlever la partie tingeante avec un peu de coton à bijoux ou ouate.

Poncif. — On nomme ainsi le trait d'un modèle qu'on veut décalquer ou contrecalquer après l'avoir préalablement piqué avec l'épingle ou l'aiguille. On doit piquer un poncif avec soin, c'est-à-dire en faisant les piqûres également serrées et de la même largeur, on place pour cela le végétal sur un piquoir, sorte de châssis sur lequel est tendu une peau de daim chamoisée. Une pelote peut même suppléer le piquoir.

Le poncif terminé est posé sur la place de l'objet où on veut transporter le dessin et fixé de façon à ne pas se déplacer, on prend alors la poucette qui n'est autre qu'un petit tampon fait en mousseline dans lequel on a enfermé une petite quantité de charbon pilé, tamisé, très-fin, plus il est fin et mieux cela vaut. On tamponne la poucette sur les traits piqués, et le noir pénétrant alors par les trous d'épingles, se dépose en trait ponctué sur le papier ou la surface préparée pour recevoir le dessin. Il est essentiel que le poncif soit bien fixé, sans cela le trait serait doublé.

N'oublions pas de recommander de rifler avec un petit morceau de pierre ponce bien aplati les rebords des piqûres à l'envers du trait pour les niveler et empêcher que le noir de la poucette ne s'étale irrégulièrement au-dessous du papier végétal.

On se sert de poncif pour les ornements dont on veut revêtir certains objets de l'industrie. Les peintres en bâtiments, décorateurs ornemanistes usent beaucoup de ce moyen pour les motifs d'ornements répétés. Les peintres sur porcelaine et sur émail également, mais si le modèle à décalquer est très-petit et rempli de nombreuses lignes de détail, les piqûres d'un poncif ne donneraient pas assez de perfection au trait, on décalque en ce cas à la pointe sèche d'ivoire, en interposant au papier végétal et à la surface sur laquelle on veut opérer une feuille mince frottée de minium ou de mine de plomb.

Le poncif qu'on veut appliquer sur une pièce de porcelaine à fond noir ou sombre, de couleur s'emploie en le tamponnant avec une poncette pleine de poudre d'amidon ou de tout autre blanc. De la poudre de sanguine ou du vermillon peuvent servir en certains cas.

Sur porcelaine. Email. Tôle vernie. — Pour décalquer au poncif sur la porcelaine et afin que le charbon ou les autres poudres colorées s'attachent à l'émail, on passe sur la totalité de la surface un chiffon imbibé d'un peu d'essence de thérébentine, ou même d'un peu d'alcool. On laisse sécher et on ponce. La poudre ou le charbon adhèrent alors, on passe ensuite le trait avec un pinceau fin et de l'encre de Chine.

Dans l'ornement le calque et le décalque sont d'un usage indispensable pour les rosaces et les motifs symétriques répétés.

Calque des graveurs

Le papier glace ou glacé. — Un papier transparent comme le verre et fait de gélatine, qu'on nomme papier glacé sert à tracer le trait d'un dessin ou modèle avec une pointe d'acier très-fine qui en creuse la surface. On frotte les sillons du trait avec la sanguine en poudre et un peu de coton, on place alors la feuille ainsi préparée en la retournant le rouge vers la surface vernie et noircie de la plaque du graveur; on frotte légèrement avec la main et le rouge se dépose où l'on veut, laissant paraître le trait demandé.

Un calque fait au crayon ou à l'encre peut aussi se transporter sur un autre papier au moyen de la presse. Le dessin obtenu ainsi se nomme contre-épreuve, on comprend qu'elle donne toujours l'original en sens inverse. Tout dessin à la mine de plomb qui n'a été fixé par aucun encollage est toujours susceptible de donner une contre-épreuve à l'aide de la presse. Elle sera d'autant plus nette que le dessin original aura été exécuté avec du crayon tendre. L'original néanmoins s'affaiblit en même temps.

Les dessins au crayon rouge sont les plus faciles à contre-épreuver.

Règle générale : pour contre-épreuver une gravure ou un dessin au moyen de la presse, il faut renverser la feuille qui représente le sujet sur une feuille de papier blanc et sec, ensuite y placer un papier qui a été mouillé des deux côtés mais déchargé d'eau au point que les deux surfaces ne reluisent plus.

Passez le tout sous la presse, vous aurez une contre-épreuve dont la netteté et la force seront proportionnées à l'énergie de la pression.

Les presses et les encres à copier sont basées sur les principes qui constituent l'art de contr'épreuver. Les lithographies fournissent du papier dit autographe sur lequel on peut écrire et dessiner, puis dont on peut opérer le transport ou la contr'épreuve sur pierre pour en tirer ensuite des exemplaires très-multipliés. — La lithographie ou dessin sur pierre a été une conséquence de l'imprimerie qui n'est autre qu'un perfectionnement de la contr'épreuve.

La chambre obscure, qui a précédé le daguerréotype dont elle est la pièce fondamentale, est une boîte carrée de bois ou de carton fermée qui porte en avant un tuyau mobile muni d'une lentille convergente. Les rayons lumineux et colorés qu'envoient les objets situés en avant de la lentille vont peindre au fond de la boîte une image renversée de ces objets. Ce fond est fait avec une plaque en verre dépoli derrière laquelle on peut décalquer l'image. Pour plus de commodité on met au fond de la boîte un miroir incliné sous un angle de 45 degrés qui est la moitié de l'angle droit. Cette disposition permet de voir l'image sur la face supérieure.

La boîte est garnie sur le côté, d'un couvercle afin de laisser dans l'obscurité la glace qui reçoit l'image. Le tuyau est mobile, pouvant s'allonger ou se raccourcir à volonté, on rapproche ou l'on recule la lentille jusqu'à ce que l'image soit bien nette.

Une autre disposition encore plus commode consiste à mettre un miroir en dehors de la boîte à l'ouverture de la lentille. Les rayons réfléchis sur le miroir traversent la lentille et forment l'image sur la table et le papier même du dessinateur qui n'a plus alors qu'à en suivre avec soin le contour avec un crayon.

Les images se forment au fond de notre œil exactement de même que dans la chambre noire. Daguerre a trouvé le moyen de fixer sur des plaques de cuivre argentées et polies comme des miroirs les images de la chambre obscure qui ont donné naissance à l'art merveilleux de la photographie (du grec *photo* lumière et *grapheia* écriture, ou dessin obtenu par la lumière du soleil) aussi daguéréotype.

Il faut pour cela avoir des plaques de cuivre argentées convenablement (refuser le double dont le poli est d'aspect laiteux), exemptes de piqûres, de poussière et de la moindre trace de cuivre. 1° On les dégraisse ou décape avec le plus grand soin. 2° On iode la plaque en l'exposant à la vapeur de l'iode sur lequel on la promène dans l'obscurité pour obtenir la couche jaune doré qui rend la surface qui va s'impressionner sensible à la lumière. 3° On la soumet ensuite à l'action de substances accélératrices qui augmentent encore la sensibilité de la couche d'iodure d'argent. 4° La plaque ainsi préparée est enfermée à l'abri de la lumière dans un châssis à volets qu'on vient mettre à la place et dans la position où était le miroir au foyer local ; 5° on ouvre les deux volets et l'image vient se peindre sur la plaque iodée comme elle le faisait sur le miroir en traversant la lentille. Après un court espace de temps d'exposition à la lumière, la plaque est remise à l'abri du jour, de nouveau par les volets, et exposée dans l'obscurité à l'évaporation du mercure chauffé. L'image est alors formée, on la lave à l'hyposulfite de soude pour enlever l'iode dans les parties qui n'ont pas été modifiées par la lumière ; 6° On la passe au chlorure d'or et on la lave à l'eau distillée, puis on sèche la plaque pour la mettre en passe-partout.

La photographie sur papier est venue ensuite apporter aux arts toute sa perfection.

Les limites de ce traité ne nous permettent que de la mentionner.

La chambre claire est un appareil dont les artistes consciencieux ne comprennent pas assez l'énorme utilité et les nombreuses applications qu'ils en pourraient faire. Son emploi exige une certaine habitude qui bientôt s'acquiert après quelques essais patients.

La chambre claire imaginée par Wollaston et perfectionnée par Amici et en dernier lieu par Vincent Chevalier, loin de supprimer l'étude, lui apporte un concours précieux. La plus grande amélioration apportée à cet instrument consiste en une lentille concave, demi-circulaire placée au-dessus du prisme. Il est nécessaire de la placer bien immobile sur une planche bien horizontale, sur son trépied comme la planchette pour lever les plans. On y a préalablement fixé une feuille de papier. On doit disposer le prisme bien horizontalement, c'est-à-dire la face supérieure parallèle à la planchette et la face qui reçoit l'image verticalement parallèle au tableau, si c'est un tableau qu'on veut copier. On regarde avec l'œil droit, l'autre demeurant ouvert, ce qui évite de la fatigue ; le dessinateur regardant d'aplomb sur le papier de la planchette, distingue très-nettement toutes les images et il lui est facile, avec un peu d'habitude, d'en suivre avec un crayon tous les contours.

On comprend qu'on peut en relevant du même point la succession contiguë et continue de vues qu'on observe en tournant autour d'un même point, il est facile d'obtenir une vue panoramique très-fidèle.

Pour diminuer ou réduire un modèle, tableau ou en relief, il suffit de s'en éloigner suffisamment.

Pour grandir, il faut, au moyen de la tige et de la crémaillère qui permettent de placer le prisme plus ou moins loin de la planchette, éloigner suffisamment le plan horizontal du prisme ; plus il sera loin de la table, plus le trait qu'on fera sera grandi.

Un artiste qui connaît bien le maniement de la chambre claire, fera avec son secours en un instant, d'un portrait, d'une académie, une foule de rapides croquis d'après le modèle vivant. Ces modèles sont d'une exactitude mathématique et rectifieront mieux que le maître le plus habile les grossières fautes de dessin que malgré soi et à son insu, l'homme du plus grand talent s'expose à commettre dans l'exécution d'une seule figure autant que dans un tableau de composition.

L'emploi de la chambre claire remplace avec grand avantage les opérations souvent longues du pantographe, ou du carrelage graticulé.

Conclusion. — Sans notions préalables d'art on ne peut évidemment atteindre à des résultats d'une haute importance, mais dans l'éducation artistique les procédés mécaniques usuels les plus simples ne doivent pas être négligés. Leur connaissance et leur application adroite et facile est un stimulant pour les intelligences lentes ou paresseuses, et les excite dans leurs désirs d'approcher de plus en plus de la science du dessin qui les effraie par ses nombreuses difficultés.

Un moyen dont toute personne sachant lire et écrire est en possession, pour arriver aux connaissances préliminaires du dessin est dans l'écriture même et dans les exercices qu'elle fournit à la main en gros et en fin, en ronde ou en anglaise. Les caractères imprimés majuscules dit *romains*, fournissent tout naturellement les notions géométriques les plus importantes sur tous les genres de ligne : *droites, courbes, horizontales, verticales, parallèles, obliques*, etc., sur les angles droits, aigus ou obtus. Dessiner sur un grand tableau noir et en grandes dimensions toutes ces sortes de lignes à main levée avec précision, vérifier l'exactitude à la règle et à l'équerre ensuite ; tracer de grands et de petits cercles à vue d'œil et les vérifier ensuite au compas, pratiquer en un mot à la main et à vue d'œil, tout ce qui s'exécute au compas et à la règle, c'est acquérir la science exacte de la *précision*, c'est exercer l'œil à voir, la pensée à *réfléchir* sur ce que l'œil voit et la main à obéir en exécutant ce que l'œil a appris à voir.

On acquerra la mémoire de l'œil, en appliquant continuellement ce qu'on sait à ce qu'on veut apprendre.

Les formes géométriques régulières qu'on tracera au grand tableau, tel que le grand triangle équilatéral et les polygones réguliers, accoutumeront l'œil et la main aux mesures exactes, au tracé des angles égaux et aux proportions dans tout.

Ployez sur une table ou sur un marbre poli une feuille de papier avec l'ongle, vous obtenez une *règle* parfaitement droite, si juste qu'elle peut vous servir à vérifier l'exactitude de toutes les règles de bois ou de cuivre. Reployez ce papier sur lui-même, de façon que le bord de droite vienne s'appliquer exactement sur le bord de gauche, vous obtenez ainsi une équerre, image de l'angle droit qui est celui formé par une ligne droite perpendiculaire à une autre.

Ployez en deux cet angle droit de papier, de façon que les bords ou côtés qui étaient à votre droite extérieure s'appliquent l'un sur l'autre parfaitement ; le pli obtenu donne la division dite à 45 degrés qui est la moitié de

90 degrés valeur et mesure de l'angle droit, c'est l'inclinaison dont les menuisiers se servent pour emboîter les chassis d'un cadre de bois assemblés en *onglet*, terme du métier.

On commence par faire tracer des bâtons aux enfants pour leur apprendre à écrire, il faudrait aussi, pour faciliter à chacun l'enseignement du dessin, rompre en visière avec la routine et les exercer aussi à faire des bâtons en sens inverse, ainsi qu'à les tracer verticalement.

Cette habitude routinière de tracer les caractères de l'écriture penchée oppose de grandes difficultés au tracé de toutes les formes inclinées en sens inverse, elle s'oppose particulièrement à la facilité de tirer des lignes d'aplomb ou verticales.

L'ÉCRITURE EST DU DESSIN

Les notions géométriques élémentaires s'y trouvent; ces notions sont les *bases du dessin*. Les lettres de l'écriture courante écrites à rebours comme pour la lithographie sont les formes dites symétriques de ces lettres.

La *symétrie* est la loi ou règle générale de l'ornementation.

La régularité d'une rosace est la répétition d'une forme de feuille, un certain nombre de fois dans le même angle.

Un père de famille exercera utilement ses plus jeunes enfants, sans crayon ni plume, à tracer avec un chapelet ou un collier de perles, avec de simples graines, avec des pois ou même de petits cailloux, les lettres et les chiffres de l'alphabet et les formes de cercle d'ovale autour d'une boîte ronde ou ovale comme patron, etc., etc. Rien n'est à négliger pour implanter la science dans le cerveau le plus jeune par des moyens simples.

TRAITÉ DU DESSIN
A LA MINE DE PLOMB ET DE PUNCTOGRAPHIE

Manière d'apprendre le Dessin sans maître

Le dessin, talent aussi utile qu'agréable, est une chose toute de jugement et de comparaison. Ainsi donc, pourquoi mille personnes, appréciant d'un coup d'œil la beauté d'un point de vue, ou la finesse et l'éclat d'un riche tissu, la grâce d'un bouquet, l'élégance d'un vase, la délicatesse d'une broderie, l'ensemble d'un groupe, etc., ne sauraient-elles point appliquer ou faire servir ce même coup d'œil à l'imitation ou représentation de ce qui s'offre à leurs yeux? Pourquoi donc, de soi-même, ne pourrait-on copier une fleur, un fruit, un arbre, ou quelqu'objet beaucoup plus simple? parce qu'on a idée que, pour dessiner, il faut apprendre, et que, pour apprendre, il faut un maître. Erreur! si vous avez et bonne volonté, et beaucoup de réflexion, vous pouvez dessiner seul.

1° Prenez pour modèle la plus simple lithographie; faites un trait, un nez, un œil et avec un crayon Conté, taillé très-fin, cherchez à le copier sur un papier choisi, fin et transparent, comme un papier à lettre, et d'un trait très léger et très pâle, afin qu'il soit facile à la correction.

2° Quand vous aurez fini cette première opération, placez dessous votre ouvrage le modèle; vous verrez alors vos défauts; ce sera bien comme si un maître vous disait:

— 34 —

C'est trop large, trop petit, trop penché, trop droit, et le trait n'est pas net, est arrêté et n'a pas de précision.

Lorsqu'ainsi vous aurez vu les défauts de votre travail, vous l'effacez un peu avec de la gomme élastique, et vous recommencez. Ce second travail bientôt devient plus exact, et vous n'avez plus qu'à le corriger tout-à-fait par-dessus le modèle, c'est-à-dire en les calquant l'un sur l'autre. — Mais cette manière de se corriger ne doit durer qu'un mois ou deux, jusqu'à ce que votre dessin puisse être comparé à la gravure, sans trop de disproportion, résultat certain de votre attention à suivre cette méthode.

Il sera bon aussi après avoir copié son modèle de s'efforcer de le reproduire de mémoire.

Notions préliminaires géométriques.

1° Une ligne droite est appelée *horizontale* quand elle a la position qu'aurait une règle couchée sur la surface d'une eau tranquille; elle est *verticale*, si elle a la direction d'un fil à plomb (c'est-à-dire tendu au moyen d'un plomb à l'air libre); elle est *oblique* toutes les fois qu'elle n'est ni horizontale ni verticale.

2° Une ligne droite est dite *perpendiculaire* sur une autre ligne droite, quand elle rencontre celle-ci, ou la rencontrerait si elle venait à être prolongée, sans pencher ni d'un côté ni de l'autre par rapport à elle. La seconde ligne est elle-même perpendiculaire sur la première.

Une horizontale et une verticale qui se rencontrent sont toujours perpendiculaires l'une sur l'autre.

3° Quand une ligne n'est ni droite ni composée de lignes droites, elle est *courbe*. Nous distinguerons principalement la ligne courbe qu'on appelle *circonférence du cercle*, et l'*ovale*. La circonférence d'un cercle est une courbe dont tous les points sont à égale distance d'un point intérieur nommé *centre*; l'espace renfermé par la courbe se nomme *cercle*, l'ovale est un cercle allongé, l'ovoïde est pointu par un bout.

On appelle *diamètre* d'un cercle une ligne qui passe par le centre ; et *rayon*, celle qui part du centre et se termine à la circonférence. Une portion de la circonférence est un *arc*, et la ligne qui unit les deux bouts de l'arc est la *corde* de l'arc. Un cercle est tangent à une ligne quand il n'a qu'un point commun avec elle ; on dit aussi que la ligne est tangente au cercle.

4° Deux lignes sont *parallèles* quand, se dirigeant dans le même sens, elles se trouvent partout à égale distance l'une de l'autre.

5° On appelle *angle* l'espace dont s'écartent deux lignes qui se rencontrent : la grandeur de l'angle dépend uniquement de l'écartement de ces lignes et non de leur longueur ; celles-ci sont les côtés de l'angle. On appelle *angle droit* celui qui est formé par deux lignes perpendiculaires entre elles. L'angle est *aigu* quand il est plus petit qu'un angle droit, il est *obtus* quand il est plus grand que l'angle droit.

Un angle droit vaut 90 degrés, c'est-à-dire que si l'angle avait son sommet au centre d'un cercle, ses côtés comprendraient, sur la circonférence, 90 parties ou le quart des 360 parties dans lesquelles la circonférence entière d'un cercle est divisée. Ainsi on peut avoir la mesure ou la grandeur d'un angle, en comptant le nombre de degrés que comprennent entre eux les côtés, quand on place le sommet de cet angle au centre d'un cercle quelconque, dont on a divisé la circonférence en 360 parties égales. On saura donc ce que c'est qu'un angle de 90, de 45 degrés, etc., qu'on indique ainsi : 90°, 45°, etc.

6° Un *plan* est une surface telle, que si on y applique une règle bien dressée, dans une direction quelconque, celle-ci touche le plan sans interruption. La surface d'une glace, d'un marbre poli, d'une feuille de papier bien étendue, etc., représentent un plan. On conçoit que la direction d'un plan, ainsi que son étendue, peuvent varier, dans l'espace, d'une infinité de manières. On lui assigne souvent des limites, ainsi que nous le verrons bientôt, et il prend un nom particulier pour chaque forme de son contour.

Les plans peuvent être rencontrés par des lignes ou par d'autres plans, ce qui forme des angles ; ces angles varient comme ceux qui sont faits par des lignes. Ainsi, un fil à plomb qui rencontre la surface d'une eau tranquille fait avec cette surface des angles droits. Les murs d'un appartement bien carré présentent des angles droits formés par des plans entre eux. On peut, en ouvrant un livre plus ou moins, représenter tous les angles possibles de deux plans qui se coupent. L'étude de la perspective nous offre à chaque instant de pareils exemples.

On dit que des lignes sont *parallèles à un plan*, et que des plans sont *parallèles entre eux*, lorsqu'en les prolongeant comme on voudra, ces lignes et ces plans se trouvent toujours à la même distance. Ainsi, une ligne horizontale est toujours parallèle à la surface d'une eau tranquille ; le plafond et le parquet d'un appartement présentent des plans parallèles, etc. Ces cas se rencontrent souvent dans la nature.

7° Les plans limités de toutes parts par des lignes droites se nomment *polygones*. Ceux qu'on rencontre le plus souvent sont le *triangle*, qui a trois côtés ; le quadrilatère, qui en a quatre. Parmi les quadrilatères on distingue le *carré*, qui a quatre angles droits et quatre côtés égaux ; le *carré long* ou *rectangle*, dont les quatre angles sont droits sans que les quatre côtés soient égaux ; le *losange* dont les quatre côtés sont égaux, sans que les angles soient droits ; le *pentagone*, qui a cinq côtés ; l'*hexagone*, qui a six côtés ; l'*octogone* qui en a huit. Ces polygones sont appelés *réguliers* quand ils ont tous leurs angles et tous leurs côtés égaux ; et *irrégulier*, dans le cas contraire.

8° On nomme *diagonale* une ligne qui traverse un polygone et s'arrête à deux angles. Une *sécante* ou *transversale* est une ligne qui coupe un polygone sans se terminer à son contour.

9° On dit qu'un polygone est *inscrit* dans un cercle lorsque ce polygone, étant intérieur au cercle, a tous ses sommets sur la circonférence. Le cercle est inscrit dans le polygone, s'il est intérieur à ce dernier et touche en un seul point chacun de ses côtés ; on dit aussi que le polygone est circonscrit au cercle.

Dessin à la mine de plomb sans hachure

Ce genre de dessin est généralement peu répandu ; le procédé est le même que celui de la peinture orientale, c'est-à-dire qu'il se travaille avec des patrons découpés et des brosses ; par ce moyen on obtient de très jolis effets, et cela avec facilité et en peu de temps. Les genres suivants, le paysage, les marines, les intérieurs, les animaux, se font également de la même manière. Les intérieurs et les marines sont plus faciles tant pour le travail de la brosse que pour les retouches, qui sont moins compliquées ; le paysage offre plus de difficultés, surtout pour les arbres, qui sont presque entièrement faits au crayon. Les personnes qui dessinent déjà peuvent travailler ce procédé avec beaucoup de succès ; celles qui ont moins l'habitude du dessin réussiront également en choisissant des sujets un peu simples, surtout en commençant. Ce genre de dessin est d'une grande solidité, et n'a nullement besoin de recevoir ensuite aucune préparation.

OBJETS NÉCESSAIRES

Trois brosses en poil de sanglier, dont une grosse, une moyenne et une petite.

Une feuille de papier verni.

Une feuille de papier anglais Watmann.

Un outil à découper et à tracer, dont je donne le modèle, et que l'on trouve seulement chez moi qui en suis l'inventeur.

Un godet de mine de plomb préparée.

Deux crayons de mine de plomb, montés en bois noir verni, de deux degrés, dur et tendre.

Un bâton d'encre de chine.

Un pinceau.

Six clous plats en cuivre appelés *punaises*.

Un morceau de verre de sept pouces de long sur cinq de large.

On pourra se procurer ces objets chez l'auteur, ainsi que les articles nécessaires pour tous les autres procédés qu'il enseigne et dont le détail se trouve à la page 2.

CHOIX DE PAPIER A DESSIN

Le meilleur est le papier anglais Watman; il faut le prendre de préférence *glacé*. Il est nécessaire de choisir toujours l'endroit, ce que l'on peut voir en le mettant au jour; on remarque facilement des parties tachées. On se sert aussi quelquefois de papier Bristol, mais les retouches au crayon prennent moins bien.

PAPIER VERNI

Le papier verni ne doit pas être trop épais. Il est également important de ne pas le prendre trop frais; il se découpe moins bien. Lorsqu'il devient sec et jaune, il ne faut plus s'en servir parcequ'alors, se déchirant plus facilement, la découpure n'est d'aucune solidité.

MINE DE PLOMB

La mine de plomb est en poudre; elle a déjà subi une préparation par un procédé qui appartient à l'auteur; pour la rendre propre à s'en servir il faut la délayer avec un couteau à peinture sur une palette en verre dépoli, ou même un morceau de verre ordinaire; on l'écrase bien en la mouillant avec une eau légèrement gommée. Lorsqu'elle est bien broyée et liquide, on la met dans un godet, puis avec le doigt on l'étend de manière à en bien garnir toute la surface ; par ce moyen elle sèche plus vite, et l'on s'en sert plus facilement. Avec un paquet on peut remplir huit godets. Lorsqu'elle est sèche au bout d'environ douze heures, si elle s'en allait en poudre c'est qu'elle ne serait pas assez gommée; si au contraire, lorsqu'on la mouille pour la teinte foncée, elle ne prenait pas sur le papier, c'est qu'elle le serait trop : on serait obligé d'en préparer de nouveau.

PRÉPARATION DES BROSSES

Les brosses se garnissent d'avance avec la mine de plomb sèche, en frottant toujours, en tournant dans le godet, et cela avec un peu de force. On emploie également la même brosse pour la teinte claire et la teinte foncée. Il ne faut jamais les nettoyer ; plus elles servent, meilleures elles deviennent, étant davantage garnies de mine de plomb. On doit seulement, lorsque l'on veut s'en servir, les secouer avec le doigt pour en ôter la poussière.

DÉCOUPURE

On est obligé, pour chaque dessin que l'on veut faire, d'en former la découpure. Voici la manière d'y procéder : pour faciliter le travail il est nécessaire que le dessin que l'on veut imiter se termine carrément. Si on avait un sujet détaché on lui formerait un cadre au crayon, et on ajouterait les parties nécessaires de ciel, d'eaux, etc. On commence par couper un morceau carré de papier verni, de quelques pouces plus grand que le modèle : pour éviter que ce papier verni ne se dérange, et lorsqu'on peut le faire, on le pose sur le dessin en le fixant aux extrémités avec les deux petits clous. On trace alors avec le poinçon de l'outil à découper tous les contours extérieurs et intérieurs de chaque partie, mais non les détails, ainsi que le ciel et les eaux.

Il faut, tant pour la solidité de la découpure que pour la

facilité du travail, laisser une partie non découpée entre chacune des autres découpées, de manière qu'il n'y ait jamais deux parties découpées qui se touchent dans le même calque ; c'est pourquoi un dessin demande presque toujours cinq ou six calques, mais jamais plus. Il n'y a point de règle pour tel ou tel morceau à découper dans ce premier patron. Toutes les parties ainsi arrêtées on les marque d'un chiffre 1. On coupe un second morceau de papier verni, ayant un demi-pouce plus grand que le cadre du modèle. On pose le second patron par dessus le premier, qui doit toujours rester fixé sur le dessin. Malgré cette double épaisseur le papier est assez transparent pour que l'on puisse voir à travers. On cherche alors dans les parties qui ne sont pas numérotées sur le premier patron celles qui peuvent se découper, et on les trace dans le second calque, en ayant soin qu'il n'y ait pas non plus de parties qui se touchent ; ensuite on marque d'un numéro 2 sur le premier patron toutes les parties tracées dans ce second ; on ôte ce second calque, que l'on met de côté ; on en coupe un troisième, également de même grandeur, que l'on pose encore par dessus le premier, en opérant de la même manière que pour le précédent, et ainsi de suite jusqu'à ce qu'il n'y ait plus de parties non numérotées dans le premier calque, ce que l'on voit facilement en le mettant au jour. Pour réduire le nombre des patrons, et lorsque les parties qui restent à faire sont de peu d'importance, on les reporte dans les coins ; on choisit les moins compliquées. Le ciel et les eaux n'ont besoin de découpures que lorsqu'ils se trouvent plus foncés que les parties qu'ils touchent ; alors on trace et on découpe un morceau qui sert à cacher les parties claires et à former celles foncées. Dans le premier morceau on enlève le patron en le coupant avec un canif au carré juste, il faut le faire sur un morceau de verre. Le cadre qui reste sert à intercaler chaque découpure ; par ce moyen on évite qu'elles se dérangent. On coupe également tous les autres patrons de la même grandeur. Les calques ainsi préparés, il faut découper dans le premier toutes les parties marquées du numéro 1, et dans les autres ce qui est tracé.

MANIÈRE DE DÉCOUPER

On pose le papier verni sur le morceau de verre, puis on découpe au canif. On doit tenir la pointe plutôt droite que penchée, cela donne plus de force à la main. Il faut également appuyer assez fort pour tâcher de couper net du premier coup; on peut seulement revenir dans les coins; la partie découpée doit s'enlever sans avoir besoin de l'arracher, autrement on abîmerait la découpure.

Travail à la brosse

PRÉPARATION DES MASSES

On fixe avec deux punaises le cadre de papier verni sur un morceau de papier anglais Watmann, posé sur un carton. On prend le calque numéro 1, ensuite avec une brosse déjà imbibée de mine de plomb sèche on frotte sur la partie découpée en tournant toujours. On prépare légèrement toutes les parties claires et foncées du modèle, en ayant soin de réserver les lumières. Il ne faut pas rester trop longtemps dans le même endroit, il vaut mieux revenir plusieurs fois; on commence toujours par la partie foncée. Il faut tenir la brosse bien perpendiculairement sur le papier, de manière à ce que la surface appuie également; la préparation est très-facile, la mine de plomb étant employée sèche. Lorsqu'il y a des parties de découpures trop rapprochées, on coupe une demi-douzaine de morceaux de papier verni, d'un pouce carré; ces morceaux servent à cacher les parties que l'on veut éviter d'abîmer. Lorsque l'on commence il est nécessaire de lever de temps en temps le calque, afin de ne pas mettre trop de vigueur, on a la ressource de pouvoir enlever avec la mie de pain, mais il faut autant que possible tâcher d'éviter de le faire. Pour les parties très foncées, on ne risque jamais d'en mettre trop. On n'emploie la petite brosse que pour les petites découpures où il y a du clair à conserver, autrement on doit toujours travailler avec une brosse un peu forte. Lorsque l'on voit que la mine de plomb ne marque pas, il faut en reprendre et frotter un peu fort dans le godet ; on secoue la brosse avec le doigt pour enlever la poudre qui reste dedans. Il est nécessaire aussi, lorsqu'on a terminé un calque, d'enlever avec un pinceau ordinaire et un peu gros la poussière qui reste quelquefois sur le papier : le ciel et les eaux, à moins qu'ils ne soient très-foncés, ne se font qu'avec de la mine de plomb sèche.

DES OMBRES

Pour former les ombres et les parties foncées, la mine de plomb s'emploie humide. Comme il faut très-peu d'eau, on mouille seulement le bout du manche de la brosse ; on frappe dans le godet, puis on imbibe bien la brosse en tournant toujours jusqu'à ce que la mine de plomb reprenne son brillant ; c'est alors que l'on peut s'en servir. Pour plus de sûreté on peut également l'essayer sur un morceau de papier blanc. La manière de brosser est la même que celle de la préparation : on commence d'abord par frotter légèrement ; puis, lorsque la mine de plomb se sèche et marque moins, on appuie davantage. Il est essentiel de bien conduire la brosse également partout, afin de ne pas former de taches. Les ombres sont assez difficiles à faire ; il est rare que l'on obtienne des teintes très-unies en commençant, mais on y arrive en peu de temps avec de la pratique. Ce procédé est plus facile que les fleurs ; mais malgré cela il faut y mettre beaucoup de soin. Lorsqu'il y a des parties d'ombre dans l'intérieur des découpures, on les forme avec un morceau de papier verni, ayant la forme nécessaire. Les calques n'ont pas besoin d'être nettoyés ; il est même préférable de les laisser dans cet état.

NUAGES

Les nuages se font au moyen de la brosse que l'on conduit de manière à rendre le plus possible l'effet du modèle ; il faut le faire largement et ne pas craindre de couvrir un peu les lumières. On les rattrape ensuite facilement avec de la mie de pain.

ARBRES

Les arbres se font avec la découpure ; on ne trace que les contours des masses pour les arbres des premiers plans ; lorsqu'ils se trouvent éloignés, on marque exactement leurs formes. Il est bien nécessaire de ne pas brosser contre la partie découpée, les contours doivent être indécis. Lorsque l'on a préparé et ombré les arbres des premiers plans, on forme le feuillage avec une petite brosse et la mine de plomb un peu humide ; on le fait en tamponnant par parties. Il est cependant indispensable de revenir avec le crayon.

EAUX

Lorsque les eaux sont agitées, on forme les vagues avec un morceau de papier verni, que l'on coupe en forme de flots. On pose le papier dans le sens convenable, puis l'on frotte avec la brosse contre la partie découpée. Il faut également éviter les duretés ; on revient ensuite généralement partout avec la brosse.

PARTIES CLAIRES

Toutes les parties que l'on ne peut réserver s'enlèvent avec la mie de pain : on en forme une boulette un peu pointue, on la glisse légèrement sur le papier ; il en est de même pour les parties salies et celles qui se détachent en clair ; on les enlève en frottant un peu fortement dans le morceau découpé ; on pourrait même recommencer si on avait mal réussi. Dans les eaux, on obtient des lignes lumineuses en le faisant de la manière suivante : avec une règle et l'outil on coupe sur un morceau de papier verni, de cinq pouces de long, une ligne horizontale d'environ trois pouces; on en forme une seconde aussi près que possible de la première; on coupe ensuite perpendiculairement les deux extrémités, puis on en retire le petit morceau de papier verni; on pose ce papier découpé bien horizontalement, on frotte ensuite avec la mie de pain un peu fort. Lorsque l'on a bien réussi le trait doit s'enlever net et pur. Les lignes foncées se font également avec le même morceau et la mine de plomb. Les rayons du soleil, ainsi que toutes les lignes claires, se font également de la même manière. Il faut avoir soin d'enlever de temps en temps la mie de pain qui reste sur le papier. On peut revenir avec la brosse pour donner de l'harmonie. Les lumières s'enlèvent quelquefois avec l'outil, mais il faut le faire avec précaution, afin de ne pas déchirer le papier.

RETOUCHES AU CRAYON

Les retouches se font avec les crayons de mine de plomb monté en bois noir verni; ces crayons très-ordinaires sont cependant les meilleurs et les seuls qui conviennent à ce genre de dessin. Il faut appuyer un peu, de manière à bien marquer les retouches; lorsqu'on ne réussit pas, on a le moyen en frottant avec la brosse, d'enlever tout à fait le crayon. On peut beaucoup revenir sur le travail de la brosse, comme on peut également se contenter des retouches seulement nécessaires. Des deux manières on obtient les résultats les plus avantageux, et qui étonnent les personnes qui n'ont point connaissance de ce procédé.

RETOUCHES A L'ENCRE DE CHINE

Les retouches vigoureuses se font avec l'encre de Chine, mais seulement dans les parties très-foncées; ces retouches en séchant s'harmonient parfaitement avec le travail à la mine de plomb.

PRÉPARATION DU PAPIER VERNI

Sur un châssis fait en bois blanc ordinaire on cloue

seulement aux quatre coins une feuille de papier à dessin : ainsi tendue avec un large pinceau et du verni Copal, mélangé d'un peu d'essence, on en passe une couche de chaque côté ; il faut répéter cette opération jusqu'à ce que le papier devienne tout à fait transparent : on doit laisser quelques heures d'intervalle entre chaque couche. Une fois verni, sept à huit jours sont nécessaires pour le sécher entièrement, et le rendre propre à s'en servir. Quand le papier est fraîchement fait, il faut avoir soin de mettre du papier de soie entre chaque feuille pour éviter qu'elles ne s'attachent ensemble.

PRÉPARATION DE L'EAU GOMMÉE

Faire fondre à froid deux tiers de gomme arabique et un tiers de sucre candi blanc ; deux jours suffisent pour dissoudre entièrement le tout ; avant de s'en servir on remue avec un petit bâton. On la fait fondre également dans l'eau chaude, mais elle se lie moins bien sur le moment ; quand on peut attendre, la première préparation est préférable.

TRAITÉ DE PUNCTOGRAPHIE

Il faut mettre sur la table, un morceau de drap doublé pour servir de sous-main ; ensuite on pose dessus de huit à vingt-cinq feuilles de vélin, fixées ensemble d'une manière invariable par quelques points d'aiguille ; on agit sur toutes les feuilles à la fois, ce qui fait qu'une seule opération donne autant de dessins qu'il y a de feuilles de papier.

Puis on applique le dessin ou la gravure modèle préparée comme on le fait pour poncer, c'est-à-dire piquée de petits trous d'aiguille sur tous les contours ; puis sur le dessin on répand une poudre d'*ocre rouge*, ou *rouge Vandick*, renfermée dans un morceau de soie attaché solidement, par plusieurs tours de gros fil, après un petit manche en bois.

La poudre passe à travers les trous du dessin, et va se fixer avec exactitude sur la feuille qui est sous le modèle piqueté, on enlève le dessin, ses contours se trouvent en traits rougis sur la feuille de vélin, on souffle pour enlever la poudre excédante, on suit ses contours avec un crayon ordinaire, puis on frotte au crayon sec tous les traits du crayon, afin de faciliter l'action des poinçons dont on se sert.

Piqûres. — On s'assied devant une table sur laquelle on pose commodément le bras; on replie, en les serrant, les doigts de la main droite, à l'exception de l'index et du pouce, lesquels tiennent le poinçon bien droit, alors on appuie l'index et le médium de la main gauche sur le papier pour le maintenir, on porte le pouce de cette main à plat sur l'articulation des secondes et troisièmes phalanges du pouce droit; ce mouvement empêche la main droite de vaciller, donne du soutien, de la force et fait piquer d'aplomb.

Toutes ces précautions prises, on pique à peu près tous les contours sur la ligne dessinée, sans dévier à droite ou gauche, et tout en évitant de confondre ou d'écarter inégalement les piqûres, on enfonce bien, pour que l'aiguille pénètre toutes les feuilles de papier.

Le succès des objets soignés et spécialement celui des têtes, exige impérieusement l'usage d'un poinçon très-fin. Une ligne claire et délicate doit apparaître à l'œil sans qu'il puisse distinguer exactement les piqûres.

Ombrer. — Les piqûres de l'endroit sont finies; voilà le moment d'ombrer les dessins, de tracer les ondulations des cheveux et autres ornements, les nervures du feuillage, les replis des fleurs. Rien de plus simple, il suffit de tourner de l'autre côté les feuilles déjà piquées, et de piquer avec un poinçon un peu plus gros le centre de chaque mèche de cheveux, des tiges, des fleurs et des feuilles ; cela produit à l'endroit un piqué saillant qui fait singulièrement valoir le piqué rentrant des cheveux et des contours.

Les parties piquées pleinement et destinées à être gaufrées sont les cheveux par masses, les plumes, les collerettes à tuyaux de François Ier, de Henri IV ; le pelage des animaux ou le plumage des oiseaux, les tiges, les feuillages, les pétales des grandes fleurs, telles que la rose, le dahlias, les chiffres, piédestaux, colonnes, etc.

Les parties piquées seulement sur les contours sont les pétales de petites fleurs, telles que la pensée, l'aubépine ; le nu, c'est-à-dire le train de derrière d'un caniche, d'un lion ; les mains, les pieds, les têtes, les figures, qui, principalement, doivent être de profil ; les habits chargés de dessins, d'ornements, de broderies, de dentelles, de décorations, sont les meilleures, parce qu'alors le velouté, produit par les piqûres multipliées, font mieux ressortir le blanc mat du nu.

GAUFRAGE. — Il a toujours lieu à l'envers. Son but est de bomber agréablement toutes les parties où il s'applique, piquées ou non.

Application industrielle aux abat-jour des lampes.

On se procure des papiers de couleurs variées et glacés d'une épaisseur moyenne sur lesquels on décalque des guirlandes de feuillages et de fleurs ou des papillons aux formes et aux couleurs différentes on les punctographies comme nous l'avons expliqué précédemment, en ayant soin de mettre un papier blanc, un papier rouge et un papier vert les uns sous les autres pour les piquer.

Le piquage une fois fait d'un seul coup, il suffira de déplacer ensuite légèrement les trois papiers en les laissant transparaître les uns sur les autres pour les poser sur le globe ou la carcasse de la lampe, et on aura ainsi obtenu la fantasmagorie d'un effet charmant de piqûres blanches, rouges et vertes du même dessin décoratif.

On obtiendra aussi, par des combinaisons analogues, des lueurs variées à l'infini en découpant certaines silhouettes de feuilles ou de fleurs qu'on remplace en collant derrière l'abat-jour du papier de couleur.

En gaufrant, il faut bien marquer la saillie du nez, gonfler un peu la narine et les lèvres, arrondir le menton, bomber la joue, faire sentir la prunelle, arquer le sourcil, et glisser au coin de l'œil d'imperceptibles rides, d'autres s'étalent au milieu du front.

Voici comment on opère. On maintient solidement la masse des dessins de la main gauche et avec la pointe du gaufroir en poinçon ; et, la tenant un peu penchée, on creuse l'oreille, on la tient bien droite pour les rides, en marquant le trait raide et sec.

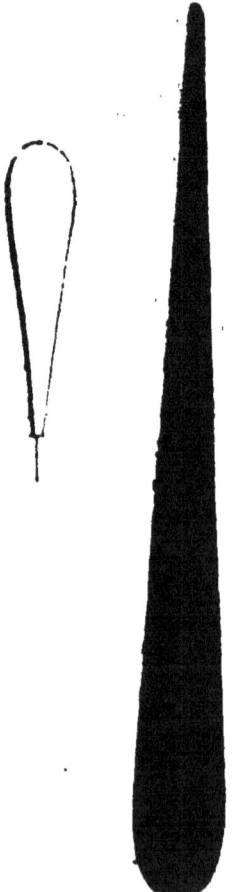

TRAITÉ DE LA GRAVURE
EN TOUS GENRES

Par le mot gravure, on désigne un des principaux arts du dessin, qui consiste à tracer des sujets en tous genres, figures, ornements ou paysages, sur des matières dures, destinées le plus souvent à être reproduits par impression sur du papier, de la toile, des étoffes, etc. Les gravures sur papier se nomment des estampes, les exemplaires de ces estampes se nomment épreuves. Les épreuves se classent en estampes anciennes et modernes, celles dites avant la lettre, c'est-à-dire qui sont tirées avant que le titre et les noms des auteurs soient mis à leur place, sont très-recherchées des amateurs à cause du petit nombre qui en existe.

On grave sur les métaux (surtout le cuivre et l'acier), le bois, la pierre, le verre, les pierres dures, pierres fines, (la gravure en pierres fines se nomme glyptique), la gravure des camées s'exécute sur coquilles. On grave sur la nacre pour l'ébénisterie, la tabletterie et la bijouterie. Outre la gravure des estampes d'art, qui reproduit les monuments, les vues, les tableaux et les statues, il y a la gravure que nous nommerons industrielle, qui est celle de la musique, de l'écriture, la gravure linéale pour les monuments et l'architecture, pour les cartes géographiques, la topographie et la géologie ou les autres sciences, et la gravure pour les papiers peints ou de tenture, et les étoffes.

La gravure selon les divers moyens employés à son exé-

4

cution, se subdivise : 1° en gravure en creux; 2° gravure en relief; 3° gravure en bas-relief.

La gravure en creux.

S'exécute sur métal et sur verre au burin, à l'eau forte ou au moyen d'autres substances.

La gravure en taille douce se fait au burin et à la pointe sèche.

Le burin est une tige en acier trempé, à quatre facettes aiguisée en biseau, se terminant en carré ou en losange et coupante sur un de ses angles.

La pointe sèche est une tige d'acier trempé, aiguisée, ronde ou en biseau, dont on se sert pour inciser la planche métallique sans autre secours que la seule pression de la main. Elle agit comme un crayon sur le papier, en appuyant plus ou moins fort. L'échoppe, sorte d'aiguille un peu grosse, aiguisée en biseau ou en losange et emmanchée dans de petits bâtons de bois tournés, garnis par le bout de viroles en cuivre qu'on remplit de cire d'espagne fondue, pour y faire entrer les aiguilles pendant qu'elle est chaude est très-employée des graveurs.

Pour graver à *l'eau forte*, on enduit d'abord la planche d'un vernis mince et mou, noirci ensuite à la fumée d'une lampe ou bougie. On décalque le sujet sur la plaque noircie (au moyen du papier glacé et de la sanguine ou du vermillon. (Voir le *Traité*, n° 1.) On promène ensuite sur ce vernis une pointe fine qui l'enlève sur tous les endroits laissés en rouge par le décalque et laisse un léger sillon sur le cuivre ; après cette première opération, on entoure avec soin la planche d'un petit rebord ou mur qu'on fait avec de la cire à modeler des sculpteurs, de la hauteur environ de 1 centimètre. On verse alors de l'eau forte sur la planche pour creuser et entamer, faire mordre le cuivre partout où le vernis l'a mis à découvert. La morsure de la gravure exige plus ou moins de temps et de reprises.

Dans la gravure sur verre on remplace l'acide nitrique par l'acide fluorhydrique employé également dans la porcelaine pour enlever les couleurs de la peinture.

Dans la manière noire et la mezzo-tinte, on fait tout le contraire de ce qui précède, c'est-à-dire qu'au lieu de passer de la lumière aux ombres, on passe des ombres à la lumière en éclaircissant la planche peu à peu.

Cette dernière qui est de cuivre ayant été préparée par un travail qui, au tirage offrirait un grenu noir et uni, d'un grain moelleux et noir mais partout velouté et égal.

Sur cette préparation veloutée on trace avec un crayon ou un pinceau, puis avec l'outil appelé racloir et le grattoir, on enlève le grenu du cuivre pour obtenir les lumières et on adoucit les autres teintes suivant le besoin.

La gravure pointillée se compose de points allignés formant hachures ou serrés les uns près des autres et plus ou moins petits, formant des teintes. On les exécute à l'eau forte, le burin vient ensuite donner aux ombres et aux demi-teintes l'empatement et la nourriture voulus. On fond les lumières dans les demi-teintes, au moyen de ce qu'on appelle la roulette, on l'emploie surtout pour les chairs et les fonds.

La gravure au maillet emprunte son nom du maillet qui sert à frapper sur des pointes de diverses grosseurs, pour obtenir le tracé des points plus ou moins gros qu'on veut avoir dans la contexture du travail.

La gravure au lavis, dite aussi à l'aquatinta s'effectue par divers procédés.

Le plus général consiste à laver le cuivre avec l'eau forte et le pinceau comme on exécuterait un lavis à l'encre de chine ou en sépia sur papier. La gravure en couleur qui imite le lavis d'aquarelle n'est qu'une application de ce procédé avec cette différence, que pour obtenir les couleurs il faut multiplier les planches, chacune devant être tirée avec une couleur simple.

On a un tirage avec une planche en jaune ;

Une *id.* avec une planche en rouge;
Id., avec une autre en bleu.

Les couleurs vertes s'obtiennent par la superposition d'un tirage de bleu par dessus un tirage de planche en jaune. Et, on parvient ainsi par la multiplicité des planches et des tirages à varier les couleurs, comme à l'aquarelle exécutée au pinceau.

La gravure de la musique s'exécute sur de l'étain, plaque de 3 millimètres d'épaisseur, les liaisons, les silences et les accolades se font à l'échoppe; les lignes dites de portées, se tracent avec un instrument appelé couteau e sont ébarbées ensuite au grattoir; on polit au brunissoir, les notes sont frappées au maillet avec un poinçon convenable, et s'il y a des paroles à la musique, c'est l'affaire du graveur en taille douce, on commence par la gravure des paroles, le reste vient ensuite.

Les gravures en relief, dites aussi en taille d'épargne, se font sur bois de poirier ou de buis, quelquefois aussi acier et sur cuivre d'une épaisseur ordinaire de 9 lignes, qui est la hauteur des caractères de l'imprimerie. La gravure sur bois si populaire et si perfectionnée aujourd'hui à l'avantage de pouvoir s'intercaller dans un texte d'ouvrage et de s'imprimer typographiquement avec lui, ce qui est un avantage énorme au point de vue de l'économie d'impression. C'est la cause de sa popularité et de son utilité, spécialement dans les publications scientifiques où le texte a souvent besoin d'être accompagné de figures explicatives, que le lecteur aime trouver en regard des passages qui sans elles manqueraient de clarté. La gravure sur bois pour vignettes illustratives a besoin d'être d'abord dessinée sur le bois par un dessinateur spécial, souvent un peintre.

Le dessin préalable pour la gravure sur bois exige une main habile et très-exercée au Crayonnage élégant et fin.

Le bloc de bois parfaitement plané est donc premièrement enduit d'une légère couche de blanc d'argent gouachgommé, posée d'abord assez épais avec un large et plein pinceau d'aquarelle, on passe cette couche rapidement, une fois en long, une fois en large avec assez d'eau; pendant que cette couche est humide, on pose le bloc sur la table, et avec le bord intérieur du pouce de la main droite on frotte le blanc en rond pour en égaliser la couche, on ne cesse de tourner que quand le blanc se dessèche tout à fait et laisse à la surface une teinte bien uniforme et assez opaque. C'est sur cette couche qu'on dessine à la mine de plomb toutes espèces de sujets, avec des crayons de mine de plomb asssez durs et pouvant tracer des lignes aussi fines que les plus fins déliés des graveurs en caractères ou écritures.

Quelques artistes, après avoir dessiné le trait, massent leurs ombres au lavis ou à l'estompe et mine de plomb, et par dessus ce travail préparatoire, ils posent des lignes de hachures pour indiquer au graveur sur bois le sens des hachures que le burin et l'échoppe du graveur devra suivre pour interpréter judicieusement le degré de coloration des ombres massées par l'artiste.

On dessine quelquefois sur bois à la plume. L'art du graveur sur bois consiste à creuser autour de chaque trait indiqué sur le bois par le dessinateur, de façon à ce qu'il reste en saillie à la même hauteur que les caractères d'impression. La gravure *fac simile* est celle qui conserve sans aucune interprétation capricieuse le trait religieusement respecté du dessinateur.

Pour la gravure à une seule taille sur acier, on saupoudre minutieusement la planche de sandaraque.

L'artiste trace son dessin à la plume, il enlève ensuite toutes les parties restées blanches, de manière à laisser comme dans la gravure sur bois, toutes les hachures et tous les traits en saillie, il obtient ce résultat au moyen d'une pointe longue et étroite quand l'espace à enlever es grand, il se sert d'une gouge qu'il frappe au maillet.

La gravure a plusieurs tailles, dites en clair obscur ou

camayeu, ne diffère de la précédente que par le nombre des planches, comme pour la gravure au lavis en couleur.

La gravure des vignettes qui se fait sur cuivre et sur acier comprend la gravure des cachets et estampilles, des billets de banques et des sujets d'illustrations pour les ouvrages littéraires somptueusement imprimés.

La lithographie.

(Extrait de la *Gazette des Beaux-Arts*.)

Senefelder raconte dans ses Mémoires, qu'ayant sous la main une pierre qu'il venait de polir il y écrivit à la hâte, la note de son linge, avec l'intention de la recopier sur papier quand il en aurait. L'encre dont il usa était la substance même qui lui servait de vernis, c'est-à-dire un composé de cire, de savon et de noir de fumée. Quand il eut recopié sa note, l'idée lui vint d'éprouver ce que deviendrait l'écriture s'il passait de l'eau forte sur la pierre, la pierre de Solhenhofen, facilement attaquée par l'acide baissa de niveau, c'est-à-dire se creusa partout où il n'y avait pas d'encre.

Telle est l'origine de l'invention. Il restait à bien constater la propriété qu'ont les pierres de Solhenhofen, d'absorber les corps gras et de rendre par conséquent inaccessibles à l'humidité toutes les traces qu'y auraient laissées la plume et le crayon.

Engelmann, dans son traité de lithographie fait la remarque suivante :

Lorsque la quantité de noir contenue dans le crayon litographique sera trop forte en proportion des parties grasses, un dessin qui paraissait vigoureux sur la pierre ne donnera que des épreuves pâles, tandis que s'il y a excès de parties grasses, un dessin qui offrait sur la pierre de la légèreté et de la transparence, viendra charbonné et lourd sur les épreuves.

La réussite des dessins lithographiques à l'impression

dépend : 1º de la bonne qualité ; 2º du grain plus ou moins fin de la pierre ; 3º de la bonne composition du crayon ; 4º du mode d'emploi de ce crayon.

La gravure en bas-relief dite *glyptique*, en pierres fines et en médailles, se pratique sur l'agate, la cornaline, le jaspe, l'onyx, la calcédoine, le lapis-lazuli, la malachite, la steatite, le saphir, la turquoise.

On travaille ces pierres sur un touret, espèce de tour et au moyen de la bouterolle, sorte de petit rond de cuivre ou de fer émoussé, propre à entamer la pierre par le frottement. Le touret le met en mouvement, et on en augmente l'action et la puissance par de la poudre d'émeri de diamant et quelques liquides. Cet art dans lequel les anciens ont excellé n'est pas décrit par leurs auteurs, on sait seulement qu'ils se servaient d'un outil, espèce de scie qu'ils appelaient *terebra* et qu'ils employaient pour en augmenter l'effet, de la poudre de diamant, d'une espèce de grès pulvérisé, du schiste d'arménie et de l'émeri.

Les modèles que font les artistes pour leurs gravures s'exécutent premièrement en relief sur une ardoise avec de la cire, puis l'artiste choisit une pierre fine taillée par le lapidaire, puis il met en mouvement le touret qui n'est autre qu'une petite roue d'acier qui engrène avec une autre grande roue de bois mise en mouvement avec le pied ; la roue d'acier fait marcher suivant le besoin plusieurs petits outils en fer doux non trempés, ou de cuivre jaune enchassés dans un tuyau dit colonnière. Ces outils ont les uns à leur extrémité, la forme d'une tête de clou tranchante sur les bords, c'est ce qu'on nomme scie, les autres ont la tête arrondie comme un bouton (bouterolles.)

La pierre à graver est enchaussée dans une masse de ciment ou mastic fait de saindoux et de résine et fixée sur la tête d'une petite poignée de bois que le graveur tient solidement dans la main gauche, pour la faire user contre l'outil mis en mouvement par le touret, et de la main droite l'artiste tient une petite spatule en fer, dont le bout a été trempé dans l'huile d'olive mêlée à la poudre de diamant, cette huile aide à faire mordre l'outil sur la pierre fine.

La gravure en creux sert pour les cachets et les bagues ou sceaux pour sceller la cire à cacheter.

Les premières collections de pierres gravées appartenaient dit-on à Scaurus, gendre de Sylla. Dans les temps modernes Laurent de Medicis, eut le premier cabinet de ce genre. Les collections des cabinets de Paris, de Vienne et de Berlin, sont des dactyliothèques et glyptothèques très-renommées.

Nouvelles artistiques.

PEINTURE NOIRE ADHÉRENTE POUR LE ZINC.

Un chimiste allemand, M. Bœttger, auquel on doit un grand nombre de recettes pratiques, indique la suivante pour obtenir sur zinc une peinture adhérente, d'un noir de velours.

Le zinc est d'abord décapé avec du sable fin. On le plonge ensuite dans un bain ainsi composé :

Eau distillée..................	64 parties.
Azotate de cuivre....	2 »
Chlorure de cuivre cristallisé.....	3 »
Acide chlorhydrique............	8 »

Après l'immersion dans cette liqueur le zinc est lavé à l'eau et séché rapidement. Le métal est recouvert ainsi d'un noir très-adhérent, sur lequel les peintures au four prennent une grande solidité.

Quand on écrit sur une planche de zinc avec la liqueur ci-dessus indiquée, et qu'ensuite on fait mordre la planche avec de l'eau contenant un dixième d'acide azotique, les caractères écrits restent en relief, car ils sont préservés de l'action de l'acide.

CARTES DE VISITES GRAVÉES SUR BOIS.

Gravure sur bois. — On l'exécute sur des planches de bois de bout en tilleul; ordinairement on dessine son sujet à l'encre, puis avec des outils fort tranchants, on enlève le bois : tout ce qui reste en creux doit donner les lumières sur l'estampe; on réserve en saillie les traits et les hachures qui doivent exprimer les mouvements, les formes et les ombres.

Lorsque la gravure est terminée, on la place sur une presse d'imprimerie en lettres, et les épreuves sont tirées comme on tire les feuilles d'un livre. Ce genre de gravure résiste à l'impression beaucoup mieux que la gravure sur acier; on peut tirer sur la même planche plusieurs milliers de belles épreuves.

GRAVURE EN TAILLE DOUCE OU AU BURIN.

On commence par tracer sur le cuivre les contours et les formes du sujet avec un instrument fort acéré et très-coupant, que l'on nomme *pointe sèche*: puis, à l'aide du *burin*, autre instrument d'acier très-coupant et à quatre faces, on entame le cuivre et l'on y trace des sillons plus ou moins profonds, plus ou moins larges. Ces sillons sont appelés *tailles*.

Il faut peu d'apprêts et peu d'outils au graveur sur cuivre au burin : une planche de cuivre rouge bien polie, un chevalet ou un coussin en cuir pour le soutenir, une pointe d'acier pour tracer, divers burins bien acérés pour entamer le cuivre, un *brunissoir* et un *grattoir*, une bonne pierre à l'huile, un tampon de feutre noirci, dont il frotte la planche pour en remplir les traits, afin de les distinguer au fur et à mesure que la gravure s'avance, sont tout l'équipage d'un graveur au burin.

Depuis qu'on a imaginé la gravure à *l'eau forte*, le graveur au burin emploie ce procédé pour commencer sa planche, qu'il avance autant qu'il est possible, et il termine au burin.

GRAVURE A L'EAU FORTE.

On prend une planche de cuivre bien polie, on la frotte avec du blanc d'Espagne en poudre et un morceau de peau, puis avec un linge bien propre, et l'on se garde bien de toucher la planche avec les doigts, puis on y applique le vernis suivant :

Vernis de Callot. — 60 grammes d'huile de lin, 8 grammes de benjoin, gros comme une petite noix de cire vierge; on fait fondre le tout à chaud, et l'on fait bouillir jusqu'à réduction d'un tiers, en remuant continuellement avec un petit bâton; on le conserve dans des pots de porcelaine.

On prend la planche de cuivre par ses bords avec un ou plusieurs étaux à main, selon sa grandeur, on la fait chauffer légèrement sur un feu de charbon médiocre, et lorsqu'elle est suffisamment chaude (il ne faut pas que le vernis fume), on y applique le vernis avec la barbe d'une petite plume ou avec un pinceau, et on l'étend délicatement, en n'en mettant que le moins qu'il est possible. Pour bien étendre ce vernis, on fait un tampon avec du taffetas, dans lequel on met un peu de coton cardé, et l'on passe légèrement ce tampon sur les places où il y a trop de vernis, pour le conduire là où il en a trop peu. Cela fait, on enfume le vernis à l'aide de trois ou quatre petites bougies de cire jaune qu'on allume en les tenant en paquet, et l'on reçoit la fumée sur le vernis, en commençant par ses bords, en allant successivement jusqu'au milieu. Lorsque le noir est bien égal sur toutes les surfaces, on fait cuire le vernis. Pour cela, on met la planche sur le feu, le vernis en dessus, et l'on chauffe jusqu'à ce qu'il ne fume plus. Si l'on chauffe trop longtemps, le vernis se brûle et ne tient plus. On touche le vernis avec un petit bâton; tant qu'il s'y attache, il n'est pas assez cuit.

Le vernis de Callot est ce que les graveurs appellent *vernis mou*, on fait le *vernis dur* en y ajoutant plus de cire ; on en fait une boule qu'on enveloppe de taffetas, et lorsque la planche est chaude, on en frotte le métal : le vernis se liquéfie, passe à travers le taffetas et s'attache à la planche ; on opère ensuite comme nous l'avons dit plus haut.

Les graveurs se servent aussi d'une dissolution d'un de ces vernis dans l'essence de térébenthine, à laquelle ils ajoutent un peu de noir de fumée ; ils la conservent dans une fiole bouchée, pour réparer les places sur lesquelles les vernis précédents n'auraient pas pris ; on l'applique avec un pinceau. On l'appelle *petit vernis*.

Lorsque la planche est préparée, on calque avec une pointe acérée le dessin sur du papier vernis préparé pour cet usage, puis on frotte légèrement ce papier avec une poudre impalpable, formée de parties égales de sanguine et de mine de plomb, et à l'aide d'un doigt de gant. La poussière entre dans les tailles du papier, on enlève l'excédant qui n'est pas fixé.

On pose le calque sur le vernis de la planche, de manière que le dessin paraît renversé, et l'on décalque, c'est-à-dire, avec la pointe dont on s'est servi pour calquer, on passe sur tous les traits du calque, de sorte que les traits rouges se déposent sur le vernis noir de la planche ; on ôte le calque avec la pointe à dessiner, on enlève le vernis sur tous les traits, de manière à atteindre le cuivre. Ce travail terminé, on borde la planche avec une cire préparée comme il suit : on fait fondre une livre de cire vierge, on y ajoute une livre de résine en poudre ; on mélange bien, et lorsqu'elle est bien fondue, on y ajoute 180 grammes de saindoux ; on agite, et lorsque ce mélange se gonfle, on le verse dans un vase plein d'eau froide ; cette cire se ramollit facilement lorsqu'on la malaxe entre ses doigts. On en forme une saillie, une petite muraille d'un pouce de hauteur autour de la planche, et l'on pratique une gouttière à l'un des angles. Lorsque cette opération est terminée, on verse sur le vernis *l'eau forte*, qui doit ronger le cuivre dans toutes les places où il est découvert.

PROCÉDÉ POUR IMPRIMER EN OR, ARGENT, BRONZE.

Lorsque l'imprimeur a bien fait sa mise en train, que toutes les hausses et supports donnent un foulage égal, et surtout une belle impression, il aura le soin de bien broyer dans un peu de vernis faible (le même dont on se sert pour faire l'encre d'imprimerie) un peu de cinabre, dans lequel il mettra deux ou trois gouttes d'essence de térébenthine; il distribuera cette encre sur son rouleau, de même que l'encre ordinaire, en ayant soin de ne pas trop en mettre.

Le papier ne doit pas être trempé; il prend avec un petit tampon en coton un peu de poudre, n'importe laquelle, et il l'étend très-légèrement sur l'impression, un quart d'heure en été, et une demi-heure en hiver; il enlève avec un autre tampon en coton, mais plus fort, toute la poudre qui est sur le papier, et l'opération est faite et bonne.

Même manière pour imprimer sur *toile cirée, taffetas, satin,* etc., en faisant seulement attention qu'il faut imprimer toutes les différentes étoffes à sec. L'encre ordinaire peut servir à toutes ces diverses impressions, mais la composition ci-dessus convient beaucoup mieux, vu qu'elle donne un beau brillant et qu'elle nourrit avec éclat ce genre d'impression. Il faut avoir le soin de se servir d'un tampon pour chaque couleur. Pour imprimer en plusieurs couleurs, on découpe autant de braies.

NOUVEAUX CLICHÉS.

Voici un procédé qui mérite de fixer l'attention : rien n'était plus désirable qu'un moyen peu coûteux de prendre des clichés exacts des formes d'imprimerie, pour conserver la composition de beaucoup d'ouvrages importants et qui restent. Le procédé qu'on emploie est bien simple. On couvre de cire un peu molle et noire toute la forme de l'imprimerie, on racle le superflu jusqu'au niveau de l'œil de la lettre avec une règle de bois, puis on imprime une douzaine de maculatures, qui emportent la cire superflue des espaces et de l'œil des lettres. Quand la maculature se relève blanche, c'est qu'elle ne touche plus à la cire et que l'opération est achevée; on place alors cette forme dans un appareil galvanoplastique; le cuivre se dépose et l'on obtient en creux une planche en métal d'imprimerie, laquelle, étant clouée sur un cylindre de bois, pourra fournir vingt mille exemplaires par jour, par la rotation continue. Il ne faut pas oublier de saupoudrer la forme de plombagine, qui s'attache à la cire pour appeler le dépôt du cuivre sur toute la forme.

CONTR'ÉPREUVE DE GRAVURE

Faites une dissolution d'alun et de savon, passez-en sur la gravure avec un pinceau doux, appliquez-y une toile ou un papier blanc pendant que la préparation est encore humide et mettez en presse, vous en retirerez une épreuve symétrique ou renversée.

NETTOYAGE DES GRAVURES

Exposez-les à la vapeur du gaz acide muriatique oxigéné puis lavez-les à l'eau simple ensuite.

ENLEVAGE DES TACHES D'ENCRE

Jetez une goutte d'eau forte sur la tache, promenez-y un pinceau moelleux et ajoutez de l'eau pour arrêter l'action dès que vous voyez l'encre se délayer.

Faites ensuite une lessive de cendres de sarments de vigne que vous filtrez dans de la chaux et plongez-y vos épreuves, faites bouillir, retirez-les et les mettez en presse.

ÉPREUVES DE GRAVURES

On donne ce nom à l'essai que fait le graveur pour juger de l'état de sa planche; lorsqu'il a terminé sa gravure à la pointe sur le vernis et qu'il a fait mordre sa planche, il en tire des épreuves, on les nomme épreuves d'eau forte; quand la planche est ébauchée, il tire une épreuve d'essai, enfin quand elle est finie, il tire une épreuve terminée. Celle qu'on tire avant d'y mettre la légende, le titre du sujet et la signature de l'auteur se nomme épreuve avant la lettre. Il y a aussi celle avec la *lettre grise* ou avec la *lettre tracée* et avec la remarque où on laisse les fautes que le graveur a intention de corriger.

Les amateurs recherchent surtout les gravures avant la lettre, qui quand elles sont œuvres de maîtres, acquièrent dans les ventes et le commerce des taux souvent fort élevés.

GRAVURE SUR IVOIRE

Après que l'ivoire a été parfaitement poli à la surface avec la pierre ponce en poudre extrêmement fine, on la chauffe légèrement et on étend dessus une légère couche de vernis des graveurs sur cuivre, puis avec la pointe sèche on trace sur ce vernis le dessin qu'on veut reproduire sur l'ivoire; enfin on borde la planche avec du vernis à graveur, et on verse dessus de l'acide nitrique concentré en soumettant la planche à une double chaleur, l'opération marche avec plus de rapidité, et au besoin on renouvelle l'acide si celui-ci s'est affaibli en attirant l'humidité de l'air.

Au lieu du vernis des graveurs, on peut simplement se servir de cire ordinaire fondue qu'on étend avec un petit tampon sur la planche. Quand l'acide a mordu suffisamment, on le retire, on lave l'ivoire et on enlève le vernis ou la cire au moyen de l'essence de thérébentine. On peut remplacer l'acide sulfurique par l'acide hydrochlorique; mais il faut faire attention que celui-ci mord plus profondément. Si on veut que les traits soient colorés on se sert au lieu d'acide d'une dissolution étendue d'or ou d'argent.

La dissolution d'argent produit des traits noirs, celle d'or donne des dessins rouge-brun, dans tous les cas, ces dissolutions n'ont pas besoin d'être versées sur la planche en aussi grande quantité que l'acide sulfurique et on peut même ne les porter qu'avec un pinceau qui en est imbibé sur les traits du dessin. Dès que la gravure à la dissolution d'argent a suffisamment mordu, on lave à l'eau pure, on expose environ une heure à l'air ou mieux aux rayons solaires et on enlève le vernis ou la cire avec l'essence c'est la méthode la plus expéditive de produire des dessins noirs sur ivoire.

Nielle. — Gravure noire des orfèvres

Benvenuto Cellini, Vazari, Lanzi et d'autres italiens s'en sont servi dans les bijoux au xve siècle. On s'en sert surtout pour orner les tabatières d'argent de dessins qui sont d'un très-joli effet.

Pour nieller l'argent on y grave d'abord les dessins et on remplit ensuite les creux avec de l'émail qu'on obtient en fondant au creuset 38 parties d'argent, 72 de cuivre, 50 de plomb, 36 de borax et 384 de soufre, on coule le produit dans l'eau, on le lave avec une dissolution faible de sel ammoniac, puis avec de l'eau légèrement gommée.

On applique la nielle en consistance de pâte sur la plaque à décorer qu'on chauffe au rouge brun et dès que le mélange est bien fondu et qu'il fait corps avec le métal de la pièce on le retire du feu et on enlève à la lime douce ce qui dépasse les traits de la gravure. On polit ensuite la surface par les moyens ordinaires.

Les Russes ont fait revivre ce genre sur des tabatières de platine.

La damasquinure.

La damasquinure est l'art d'incruster sur le fer et sur l'acier préparés des ornements en or et en argent. Les lames des sabres si renommés de la ville de Damas, en Syrie, sont généralement couvertes de dessins moirés très-variés, tels que veines noires, argentines, blanches, rubannées, parallèles ou croisées, dont l'élégance et la richesse ont fondé sa réputation depuis des siècles.

Le damasquineur commence par faire bleuir la lame sur le feu; il grave ensuite au burin le dessin qu'il veut figurer, puis il incruste dans le trait un fil métallique qu'il achève de refouler avec un marteau dit mattoir, et quand le dessin a fait corps avec le métal, il passe sur le tout une lime douce pour polir la lame.

C'est au temps d'Henri IV que l'art de damasquiner a été importé du Levant.

Il faut prendre garde que les filets d'or ou d'argent soient plus gros que le creux qu'on a gravé avec le burin ou ciselet, afin qu'ils y entrent par force avec le mattoir. Quand l'or et l'argent est bien appliqué, on fait des figures dessus soit avec des burins, soit par estampe avec des poinçons ou roulettes servant à imprimer et varier les surfaces.

VARIÉTÉS ARTISTIQUES

D'UNE APPLICATION FACILE

Procédé de peinture des tableaux pour dioramas.

INVENTÉ PAR M. DAGUERRE.

Il faut peindre la toile à deux effets, c'est-à-dire avec deux effets différents, éclairés alternativement par devant et par derrière. Dans cette vue on choisit un tissu très-transparent et le plus égal possible. On peut employer de la percale ou du calicot pour l'exécution des grands tableaux. Il est nécessaire de choisir l'étoffe d'une grande largeur, afin d'avoir le plus petit nombre possible de coutures, qui sont toujours difficiles à dissimuler, surtout dans les grandes lumières du tableau.

La toile est tendue sur un châssis en bois, et on lui donne de chaque côté deux couches de colle de parchemin au moins. Le premier effet, qui doit être le plus clair, s'exécute sur le devant de la toile. On trace d'abord le dessin avec de la mine de plomb (1), en ayant soin de ne pas salir la toile dont la blancheur est la seule ressource que l'on ait pour donner les lumières au tableau. Les couleurs transparentes dont on fait usage sont broyées à l'huile, mais employées sur la toile avec de l'essence à laquelle on ajoute un peu d'huile grasse, seulement pour les vigueurs; du reste, on peut les vernir sans inconvénient. Les moyens que l'on emploie pour cette peinture ressemblent entièrement à ceux de l'aquarelle, avec cette seule différence que les couleurs sont broyées à l'huile au lieu de gomme, et étendues avec de l'essence au lieu d'eau. Nous ferons

(1) Le crayon noir à dessiner ou le fusain nous semble meilleur.

observer qu'on ne peut employer ni blanc de plomb, ni aucune couleur opaque quelconque mise par épaisseur, qui produirait, quand on éclairerait le second effet peint par derrière, des taches plus ou moins teintées, selon leur plus ou moins d'opacité. Il faut tâcher surtout d'accuser les vigueurs du premier coup, afin de détruire le moins possible la transparence de la toile.

Le second effet est peint derrière la toile, que l'on place devant une croisée bien éclairée. Par ce moyen, on aperçoit, par transparence, les formes et les couleurs du premier effet; ces formes doivent être conservées ou annulées.

On glace d'abord, sur toute la surface de la toile, une couche de blanc de plomb le plus pur, broyé à l'huile et détrempé avec de l'essence. On efface les traces de la brosse au moyen d'un blaireau. Avec cette couche de blanc, on peut dissimuler un peu les contures, en ayant soin de la mettre plus légère sur les lisières, dont la transparence est toujours moindre que celle du reste de la toile. Lorsque cette couche est sèche, on trace les changements que l'on veut faire au premier effet.

Dans l'exécution du second effet, on ne s'occupe que de modeler en blanc et en noir, sans s'inquiéter des couleurs du premier tableau, qui s'aperçoivent par transparence. Le modelé s'obtient au moyen d'une teinte dont le blanc est la base, et dans laquelle on met une petite quantité de noir de pêche: on obtient un gris dont on détermine le degré d'intensité en l'appliquant sur la couche de derrière et en regardant par devant pour s'assurer qu'elle ne s'aperçoit pas. On obtient alors la dégradation des teintes par le plus ou moins d'opacité de cette teinte.

Il arrivera que les ombres du premier effet viendront gêner l'exécution du second. Pour remédier à cet inconvénient, et pour dissimuler ces ombres, on peut en raccorder la valeur au moyen de la teinte employée plus ou moins épaisse, selon le plus ou le moins de vigueur des ombres que l'on veut détruire.

On conçoit qu'il est nécessaire de pousser ce second effet à la plus grande vigueur, parce qu'il peut arriver que l'on ait besoin de clairs à l'endroit où se trouvent des vigueurs dans le premier.

Lorsqu'on a modelé cette peinture, avec cette différence d'opacité de teinte, et qu'on a obtenu l'effet désiré, on peut alors la colorer en se servant des couleurs les plus transparentes, broyées à l'huile. C'est encore une aquarelle qu'il faut faire ; mais il faut employer moins d'essence dans ces glacis, qui ne deviennent puissants qu'autant qu'on y revient à plusieurs reprises et qu'on emploie plus d'huile grasse. Cependant, pour les colorations très-légères, l'essence seule suffit pour étendre les couleurs.

Éclairage. — L'effet qui est peint sur le devant de la toile, et qui doit être vu directement, est éclairé par la lumière qui vient d'en haut. Le tableau peint par derrière, qui doit être vu par transparence, est éclairé par des croisées verticales, et qui sont fermées lorsqu'on voit le premier tableau seulement.

Ce procédé de peinture peut être employé pour faire des stores, de petits écrans à main, des sujets pour la lanterne magique, la fantasmagorie ; il suffit alors de tendre de la mousseline, de la tarlatane ou de la gaze, sur une carcasse en fil de fer, de la grandeur et de la forme convenables.

PEINTURE DES STORES ET DES ÉCRANS TRANSPARENTS.

Sur mousseline. — Vous bordez le pourtour de la mousseline sur laquelle vous voulez peindre avec un ruban de fil cousu à point de surjet, et vous la tendez, après l'avoir mouillée, sur un cadre ou un grand métier à broder.

D'abord vous avez fait tremper de la gomme adragante coupée en morceaux dans de l'eau pendant douze heures ; elle se gonfle et absorbe entièrement l'eau.

Vous y ajoutez encore une certaine quantité d'eau et

vous la faites chauffer pour obtenir une dissolution parfaite et qui soit un peu claire. Vous retirez la dissolution de dessus le feu pour la faire tiédir, et, avant qu'elle soit prise en gelée, vous en appliquez une couche sur la mousseline avec un pinceau dit queue-de-morue. Vous laissez sécher la mousseline.

On emploie aussi, pour encoller la mousseline, de la gélatine ou de la colle de poisson qu'on fait tremper dans de l'eau, comme la gomme adragante, pendant douze heures, après l'avoir battue avec un marteau. Lorsque la colle de poisson est gonflée, on la pile dans un mortier et on la réduit en une gelée transparente qui se fond facilement. L'encollage à la colle de poisson est le meilleur et le plus cher.

Lorsque la mousseline est sèche, vous esquissez dessus votre dessin avec un fusain, ou vous l'imprimez par le procédé de l'imprimeur que nous avons indiqué plus haut. Vous ajustez ensuite votre châssis perpendiculairement devant une croisée, de façon que la lumière frappe dessus directement, et vous peignez à la manière des artistes peintres.

Les couleurs le plus ordinairement employées pour ce genre de peinture sont : le carmin, les laques, la gomme-gutte, le bleu de Prusse et généralement toutes couleurs transparentes, soit en pierre, soit en poudre. On les broie avec une quantité suffisante d'essence de térébenthine et même avec un peu de vernis copal, le plus blanc possible ; on pose les différentes teintes les unes après les autres, c'est-à-dire on pose les teintes claires d'abord, et on les laisse sécher ; puis, lorsqu'elles sont sèches, on revient dessus pour faire les demi-teintes ; celles-ci étant sèches, on repeint dessus, et ainsi de suite, jusqu'à ce que la peinture soit achevée.

L'on peint aussi sur mousseline avec des couleurs de gouache ; et ce genre est le plus usité en Chine, d'où nous retirons une grande quantité d'écrans, qui sont du reste fort laids et peu solides.

Sur soie. — Généralement on n'encolle pas la soie, pour ne pas lui enlever le brillant; on peint dessus, lorsqu'elle est bien tendue sur un cadre, soit avec des couleurs de gouache qu'on gomme un peu plus, et qu'on pose sans épaisseur, soit avec des couleurs transparentes broyées à l'eau gommée avec un peu de fiel de bœuf purifié ou avec de la dextrine et de l'alcool, soit avec des couleurs broyées à l'huile et délayées avec de l'huile grasse et de l'essence de térébenthine.

Procédé de peinture sur porcelaine.

Commencez par bien essuyer la pièce sur laquelle vous voulez travailler; prenez ensuite un morceau de linge très-propre, que vous imbiberez d'essence de térébenthine, et dont vous frotterez votre porcelaine : cet apprêt est nécessaire pour faciliter l'esquisse de votre dessin, qui se fait avec un crayon de mine de plomb; vous préparez ensuite vos couleurs, que vous broyez à l'essence de térébenthine. Lorsque vous vous en servez, vous en prenez une petite quantité, et vous y mêlez une goutte d'essence grasse et une goutte d'essence de lavande (ces deux essences servent à faciliter l'emploi de la couleur). Il faut peindre par lavis très-minces, et surtout éviter les épaisseurs; car lorsqu'on mettrait votre pièce au four, les couleurs s'écailleraient au point d'enlever l'émail de la porcelaine. Il faut en outre se précautionner chez un marchand de porcelaines d'un échantillon des couleurs avant et après leur cuisson, car elles changent plus ou moins au feu. Il faut avoir soin de mettre votre ouvrage à l'abri de la poussière et éviter l'humidité.

Lorsque vous avez entièrement fini, vous portez votre ouvrage chez un fabricant de porcelaine, qui se chargera de vous le mettre au four. La peinture sur porcelaine se fait à deux feux, un pour cuire l'ébauche, un second pour la retouche, rarement à trois.

Peinture sur éventails.

Le papier dont on se sert pour les éventails est en général très-mince et très-encollé.

On emploie les couleurs à l'eau, sans aucune préparation que celles employées pour peindre à l'aquarelle ou à la gouache.

On dore également, comme pour les laques de Chine, avec des mordants que l'on laisse un peu sécher avant d'y mettre l'or, soit à l'or en coquilles que l'on délaie avec un peu d'eau, et que l'on prend avec un petit pinceau.

Peinture sur tôle vernie.

Vous faites préparer chez un marchand d'objets en tôle vernie, soit un plateau ou autre article. Si vous voulez qu'il soit reverni lorsque vous aurez fait votre peinture, vous le demandez poncé; si, au contraire, vous voulez imiter un genre chinois, vous le prenez entièrement *verni poli*, pour des plateaux, ceux que l'on revernit par-dessus le dessin sont toujours solides et moins susceptibles de se gâter.

La manière de peindre et de dorer sur tôle est exactement en tout point la même que sur bois noir verni, dont j'ai parlé à l'article des *Laques de Chine*, soit en or, soit colorié.

Lorsque votre peinture est achevée, vous la donnez à vernir.

Peinture et décalcage de lithographies sur verre.

Choisissez un verre à vitres de la grandeur de votre lithographie, lavez-le avec de l'eau tiède, et essuyez-le bien; prenez ensuite un peu de térébenthine de Venise, et frottez-en toute la surface du verre que vous tenez au-dessus d'un feu très-doux, pour qu'elle s'étende plus facilement. Vous avez eu soin, comme pour décalquer sur bois, de faire tremper votre lithographie dans l'eau et de la sécher dans un linge; vous la placez immédiatement du côté du noir sur la térébenthine et lorsqu'elle est collée, vous enlevez le papier avec votre doigt jusqu'à ce que votre lithographie paraisse bien noire, pour la laisser sécher quelques instants. Pendant ce temps, vous préparez un petit chiffon de linge que vous imbibez de térébenthine, et que vous passez sur votre lithographie jusqu'à ce qu'elle devienne transparente.

Il faut éviter de laisser du papier blanc sur la lithographie, cela deviendrait nuisible pour la colorer. Les couleurs que l'on emploie sont à l'huile, et l'on peint par les mêmes moyens.

Peinture sur peau.

La peinture sur peau est la même que celle sur soie; on a l'avantage, en outre, de pouvoir la dorer au moyen des mordants que l'on emploie pour les laques, et par les mêmes procédés.

Peinture sur plumes.

On emploie également sur plumes les couleurs de gouache; mais comme les plumes sont naturellement grasses et que l'on éprouverait de grandes difficultés pour faire prendre les couleurs, on y ajoute, en les broyant, du fiel en petite quantité.

Nettoyage de la dorure des cadres.

On prend des blancs d'œufs, trois onces, qu'on mêle dans une once d'eau de javelle, battez le tout et brossez la dorure avec.

NETTOYAGE DES BRONZES DORÉS.

Lavez-les au pinceau avec du vin ordinaire chauffé, mettez ensuite le bronze dans la sciure de bois et près d'un bon feu, pour sécher, vous frotterez avec du linge fin.

Peinture sur papier de riz.

Le papier de riz vient de la Chine, c'est un tissu fin, léger, transparent, d'une grande blancheur; il possède la propriété d'absorber l'eau très-promptement; c'est pourquoi il est nécessaire de peindre toujours avec des couleurs très-humides. Sa grandeur ordinaire est de sept à huit pouces de long sur cinq ou six pouces de large : cependant il y en a de plus grand. On en trouve dans le commerce de plusieurs couleurs, mais comme on ne peut le peindre l'usage en est un peu borné : on s'en sert pour des fleurs, des personnages. Plusieurs essais ont été faits sur ce papier passé à la presse, par ce moyen la peinture s'enlève en relief, mais comme il est impossible de le travailler à la gouache, ne pouvant le mouiller et par conséquent le tendre, les couleurs sont sans effet. Il en est de même pour l'impression de la lithographie, elle ne peut se colorier : le papier de riz, quoique un peu fragile, devient tout à fait malléable étant mouillé, aussi est-il très-facile de le tendre. Il est important de ne pas le faire sécher ni au feu, ni au soleil, ni au grand air. La manière de le peindre est simple et facile, mais elle demande beaucoup de soin.

OBJETS NÉCESSAIRES.

Paquets de couleurs en poudre. Blanc d'argent, jaune de chrome, vermillon, cendre verte et noir d'ivoire, etc.

Deux pinceaux en petit-gris de grosseur moyenne; deux pinceaux en martre rouge un peu fins; une palette en faïence, carrée longue; quelques feuilles de papier de riz; un châssis en bois de noyer; un couteau à peinture; une bouteille d'eau gommée; deux coquilles d'or et d'argent.

COULEURS EN TABLETTES.

On peut également se servir de couleurs anglaises ou françaises, les premières cependant étant mieux broyées et mieux préparées sont préférables, les autres ont l'avantage d'être d'un prix moins élevé, elles sont au nombre de dix-huit; je vais en donner les noms en anglais et en français :

Prussian blue, bleu de Prusse; — Indigo, indigo; — Vermillon, vermillon; — Red lead, rouge de Saturne; — Cobalt, cobalt; — Carmine, Carmin; — Crimson lake, laque carminée; — Outremer, outremer; — Raw Sienna, terre de Sienne; — Burnst Sienna, terre de Sienne brûlée; — Indian yellow, jaune indien; — Cambodge, gomme gutte; — Yellow ochre, ocre jaune; — Emerald green, cendre verte; — Sepia, sépia; — Sepia W, Sepia colorée; — Payne's gray; — Italian pinck (1).

COULEURS EN POUDRE.

Les couleurs en poudre sont employées pour les teintes de gouache; elles se délaient avec de l'eau gommée, on les mélange avec les couleurs en tablette pour obtenir les tons nécessaires.

CHASSIS.

Comme on travaille le papier de riz des deux côtés, il faut le tendre sur un châssis. Il doit être aussi mince que possible et d'un bois très-sec; le noyer est le plus convenable; sur un des côtés on fait limer en forme un peu arrondie les bords intérieurs, cela est nécessaire pour éviter de couper le papier lorsque l'on appuie la main dessus, il faut également sur le même côté coller du papier blanc afin que le papier de riz ne puisse être en contact avec le bois.

MANIÈRE DE TENDRE LE PAPIER DE RIZ.

Pour tendre le papier de riz on le mouille d'un côté, on le laisse dans l'eau seulement quelques minutes, on le pose ensuite sur une feuille de papier blanc; puis, sans attendre on applique le châssis dessus, on relève les bords du papier

(1) Pour compléter l'assortiment des couleurs françaises, il faut ajouter les deux couleurs anglaises, l'italian-pink et le payne's gray, qui ne sont pas remplacées avec avantage par les premières.

de riz en les fixant avec de la colle de farine; on commence par les deux côtés parallèles, puis ensuite par les deux autres. Il est important de ne pas tirer dessus; il faut au contraire qu'il forme la poche : en séchant il se resserre et se tend de lui-même; on appuie le châssis obliquement afin que l'air passe des deux côtés : cinq ou six heures sont nécessaires pour le sécher.

ESQUISSE.

Comme on ne peut esquisser avec le crayon sur le papier de riz, on est obligé de se servir du moyen du calque : voici la manière de le faire. On prend avec le papier végétal les contours du sujet que l'on veut peindre; comme les traits ont besoin d'être un peu marqués on les forme à l'encre en se servant d'une plume de corbeau, on fixe avec des pains à cacheter le calque sur du papier blanc, on pose ensuite le châssis sur le papier végétal de manière à ce que le papier de riz touche le calque; c'est alors dans l'intérieur que l'on forme l'esquisse; c'est le côté non mouillé que l'on considère comme le devant, on passe avec le pinceau et la couleur un peu humide sur tous les traits; il faut le faire légèrement. Pour les tons noirs, bruns, on emploie la sépia; pour les autres nuances on fait usage des mêmes couleurs qui doivent servir à travailler ensuite chaque partie. L'esquisse terminée, on enlève le châssis et on le pose sur une feuille de papier blanc.

PRÉPARATION DES TEINTES LOCALES.

Avant de peindre il est nécessaire d'humecter le papier avec le pinceau et de l'eau très-propre, il faut le faire par parties détachées afin que les nuances de différents tons ne se mélangent pas : on attend quelques minutes avant de poser les couleurs. Les teintes locales se préparent avec les tons les plus clairs de chaque partie du modèle. Il faut employer la couleur un peu grasse, c'est-à-dire un peu humide; elle doit être également plutôt un peu foncée que trop claire, parce qu'en séchant elle perd beaucoup de sa vigueur. Pour les tons très-légers il faut beaucoup d'eau et très-peu de couleur, surtout pour le carmin qui fournit beaucoup; les parties qui se dégradent se forment avec le pinceau humecté seulement d'eau. On peut revenir plusieurs fois, mais il faut attendre quelques instants. Lorsqu'en séchant la couleur forme des taches et des teintes inégales, on ne doit pas s'effrayer, par le procédé de la gouache posée de l'autre côté du papier on y remédie facilement. Il est bien essentiel d'avoir toujours de l'eau très-propre; pour cela il est nécessaire d'avoir deux verres. L'eau qui sert à nettoyer les pinceaux a besoin d'être renouvelée souvent.

GOUACHES.

Les gouaches se font au moyen des couleurs en poudre délayées avec de l'eau gommée (1). On les écrase bien avec le couteau sur la palette de manière à ce qu'elles ne forment pas de grains; on se sert des pinceaux de martre rouge, la pointe en étant plus ferme, on étend la couleur avec plus de facilité. Il est nécessaire que les teintes de gouache soient exactes, surtout pour celles foncées. La couleur étant une fois posée et sèche, on reviendrait même par dessus avec une plus claire, elle n'aurait pas d'effet; la seule ressource serait d'essayer de l'enlever lorsqu'elle est encore humide : cette opération demande beaucoup de soins et réussit rarement : voici le moyen de l'éviter. Il faut avoir la précaution de mettre sur un morceau de papier de riz un échantillon de toutes les nuances que l'on a travaillées, puis, avant de poser les gouaches, on essaie sur le morceau l'effet des teintes; de cette manière on est plus sûr de réussir. Généralement il faut employer les couleurs plutôt moins foncées que trop, on a la ressource de pouvoir revenir par devant. Pour les tons dégradés on laisse

(1) Pour éviter d'être embarrassé sur la quantité à mettre, on peut la faire légère et l'employer pure (voir la préparation, page 65).

un peu d'intervalle entre chaque nuance, ensuite on prend la couleur moins foncée, on l'étend un peu de chaque côté, puis on nettoie le pinceau, et avec l'eau pure on réunit les deux nuances. Ces tons dégradés demandent à être faits avec précaution ; il faut toujours avoir le soin de regarder de l'autre côté pour juger de l'effet. Il est bien important de suivre tous les contours le plus exactement possible. On peut mettre le châssis de temps en temps au jour afin d'obtenir plus de netteté. Malgré que les gouaches soient faciles à faire, il faut y mettre beaucoup de soin; tout l'effet de ce genre de peinture étant obtenu par ce genre de travail. Avant de poser les ombres il faut attendre que les couleurs soient parfaitement sèches.

DES OMBRES.

Pour former les ombres, il faut également humecter le papier, on le fait de la manière déjà indiquée; la couleur doit être fondue de suite, si l'on ne prenait pas cette précaution, en séchant elle ferait tache : il faut l'employer un peu humide et foncée. Pour obtenir des ombres vigoureuses il est nécessaire de revenir plusieurs fois, si on le fait presque immédiatement on n'a pas besoin de mouiller de nouveau, ce ne serait que dans le cas où l'on resterait quelques heures sans travailler. Lorsque la teinte n'est pas assez foncée on revient en préparant une seconde fois, puis ensuite on forme les ombres. Il est bien essentiel de réserver les lumières : la couleur s'enlève très-difficilement sur le papier de riz. Si cependant cela était nécessaire, il faudrait le faire de la manière suivante : on mouille avec le pinceau et de l'eau très-propre la partie que l'on veut enlever, on frappe ensuite avec un mouchoir, on renouvelle cette opération plusieurs fois de suite : on se sert du même moyen pour les taches faites sur le papier. Pour juger de l'effet il ne faut jamais tenir le châssis en l'air, mais bien le laisser appuyer sur le papier blanc.

RETOUCHES ET DÉTAILS.

Afin de donner le temps nécessaire aux parties ombrées de sécher, on commence par tous les autres détails; pour former des traits fins il faut employer la couleur ni trop sèche ni trop humide; on arrive facilement à ce degré intermédiaire avec un peu de pratique. Lorsque l'on veut terminer avec perfection, on peut passer de nouveau de l'autre côté du papier dans tous les traits en le faisant avec les mêmes couleurs. Les retouches se font également de la même manière, mais comme on ne peut les travailler par derrière il faut avoir la couleur un peu foncée.

LUMIÈRES GOUACHÉES.

Les lumières obtenues par la gouache (méthode généralement adoptée aujourd'hui dans l'aquarelle) sont d'un effet très-piquant sur le papier de riz. On se sert des mêmes couleurs de gouache déjà employées; il faut les mettre avec assez d'épaisseur afin qu'étant sèches elles restent un peu vigoureuses; on les pose avec les pinceaux de martre rouge. Dans les clairs où le papier de riz est réservé, on peut également mettre un peu de blanc; il faut l'étendre avec soin et seulement dans la lumière la plus vive.

OR ET ARGENT EN COQUILLES.

L'or et l'argent s'emploient avec succès; ils sont d'un effet bien plus brillant que sur le papier ordinaire. On met quelques gouttes d'eau dans les coquilles afin de travailler toujours avec le pinceau très-humide.

EMPLOI DES PRINCIPALES COULEURS.

Je diviserai l'emploi des couleurs en trois parties : 1° les couleurs nécessaires pour la préparation; 2° les couleurs en poudre pour les gouaches; 3° les couleurs qui doivent former les ombres.

PRÉPARATION.

Le jaune clair ou foncé avec la gomme gutte; le vert avec l'italian-pink, le bleu de Prusse et un peu d'indigo;

le rose avec le carmin très-léger; le bleu clair ou foncé avec le cobalt; le violet avec le cobalt pur; l'orange avec le rouge de Saturne; le rouge mat avec le vermillon; le rouge vif avec la gomme gutte; le pourpre avec le carmin; le vert-émeraude avec la cendre verte; le brun clair avec la terre de Sienne ordinaire et la terre de Sienne brûlée; le brun foncé avec la terre de Sienne brûlée, la sépia et un peu de laque carminée; le gris avec le payne's-gray, le cobalt et un peu de laque carminée très-légers; le noir avec le payne's gray.

GOUACHES.

Le jaune avec le jaune de chrome et un peu de blanc d'argent; le jaune très-clair avec le blanc pur; le vert avec le jaune de chrome et le bleu de Prusse; le vert pâle avec le blanc et l'indigo; le rose avec le blanc et le carmin; le bleu avec le blanc et le cobalt; le violet avec le blanc, le carmin et le cobalt; l'orange avec le blanc et le rouge de Saturne; le rouge mat, le rouge vif et le pourpre avec le vermillon; le vert-émeraude avec le blanc et la cendre verte: le brun clair avec le blanc et la terre de Sienne brûlée; le brun foncé avec le blanc, la sépia et la terre de Sienne brûlée; le gris avec le blanc et le payne's gray; le noir avec le noir d'ivoire.

DES OMBRES.

Le jaune clair avec le jaune indien; le jaune foncé avec la terre de Sienne brûlée et le carmin très-léger; le vert avec l'italian-pink, le bleu de Prusse, un peu d'indigo et de terre de Sienne brûlée; le vert pâle avec l'indigo pur; le rose avec le carmin et un peu de cobalt dans les ombres vigoureuses; le bleu avec le cobalt et un peu de laque carminée (le violet est préparé de nouveau légèrement avec le carmin pur léger, on revient ensuite pour les ombres avec le cobalt et le carmin mélangés); l'orange avec le vermillon et un peu de carmin; le rouge mat avec le carmin (le rouge vif est préparé de nouveau avec le carmin pur, on revient pour les ombres avec le carmin et un peu de sépia dans les vigueurs); le pourpre avec le carmin, la sépia et un peu de terre de Sienne brûlée; le vert émeraude avec le cobalt et l'indigo très-léger; le brun clair avec la terre de Sienne brûlée et un peu de sépia; le brun foncé avec la terre de Sienne brûlée, la sépia et la laque carminée; le gris avec le payne's gray et un peu de laque carminée, le noir avec les mêmes couleurs que le gris. Pour le rouge vif, le rouge mat, le pourpre, on peut revenir dans les ombres avec un glacis de terre de Sienne brûlée afin de donner de la transparence. Les retouches se font avec les mêmes couleurs que celles des ombres.

FLEURS ET FRUITS.

Je vais donner quelques explications sur les fleurs et les fruits les plus difficiles. Les fleurs blanches n'ayant pas de préparation, le papier formant la teinte locale, on les ombre avec l'italian-pink et les gris très-légers; la gouache avec le blanc d'argent; pour les roses il est nécessaire de revenir souvent, en ayant soin de ne pas oublier d'humecter le papier, il serait impossible autrement d'obtenir de la fraîcheur. Les capucines sont préparées et ombrées avec la gomme gutte, le rouge de Saturne et le carmin; les gouaches se font avec le blanc d'argent et le rouge de Saturne. Les groseilles rouges avec le carmin, les gouaches avec le vermillon. Les cerises avec le carmin et le vermillon; les gouaches avec le vermillon. Les prunes violettes avec le cobalt, l'outremer et la laque carminée; les gouaches avec le blanc d'argent et le cobalt. Les pêches, les pommes, les poires avec la gomme gutte et l'italian-pink, les ombres avec le carmin, la terre de Sienne ordinaire et brûlée, le cobalt; les gouaches se font avec les mêmes couleurs mélangées de blanc d'argent.

OISEAUX ET INSECTES.

Pour les oiseaux étrangers et les insectes de couleurs

brillantes, dorées, argentées, on se sert des coquilles d'or et d'argent. Le plumage des oiseaux se fait très-facilement par de petites touches très-légères avec les couleurs en tablettes, puis ensuite (toujours par devant) avec celles des gouaches. Dans les insectes pour les ailes à reflet d'Iris, tels que les libellules (vulgairement appelées *demoiselles*), les mouches, etc., lorsque l'on a entièrement terminé le travail des détails, on passe sur toute la partie une couche d'eau gommée un peu épaisse, on revient de la même manière plusieurs fois. Il est très-nécessaire, surtout pour les insectes, de bien soigner tous les détails, tels que les pattes, les antennes, etc.

PERSONNAGES.

Pour les chairs on esquisse d'abord les traits avec le rouge de Saturne très-léger, on pose ensuite les gouaches avec le blanc d'argent, le vermillon, un peu de jaune de chrome et un peu de carmin, on revient ensuite par devant pour former les parties colorées et les ombres; dans les ajustements on emploie par devant les gouaches et quelquefois l'or et l'argent en coquilles.

PAYSAGES ET MARINES.

Les paysages et les marines se travaillent de la même manière qu'à l'aquarelle, on ne gouache par derrière que les premiers plans, pour le ciel très-foncé et les seconds plans on revient par derrière avec les couleurs en tablettes; le ciel clair et toutes les parties dans l'éloignement ne se font que par devant. Les lumières se retouchent également avec les gouaches.

TRAITÉ DE LA PEINTURE SUR ÉMAIL

PRÉPARATION DE L'ÉMAIL, DES PLAQUES SUR DIVERS MÉTAUX.

Objets et outils nécessaires. — Broyage. — Emploi. — Peinture et cuisson des couleurs. — Accidents et moyens de les réparer. — L'émail appliqué aux peintures monumentales. — Émail sur lave. — La lampe d'émailleur.

L'émail.

Smalto, mot dérivé de l'italien, qui vient lui-même de *maltha*, ciment, désigne une sorte d'enduit ou vernis vitreux, qui n'est autre qu'un verre transparent ou opaque d'un aspect luisant appliqué de différentes manières par la fusion sur des poteries telles que la faïence et la porcelaine, ou sur des métaux, principalement l'or, l'argent et le cuivre.

L'art d'émailler sur métaux se divise en deux branches : la fabrication des émaux opaques et celle des émaux transparents.

Les émaux opaques se fabriquent presque toujours en calcinant ensemble un mélange de 100 parties de plomb, de 15 à 50 parties d'étain, broyant à l'eau les oxydes puis calcinant cette potée avec le sable et le sel marin, quelquefois on remplace le sel par 8 parties de sous-carbonate de potasse pur : le mélange, mis dans un creuset, est chauffé dans un four jusqu'à demi-vitrification; c'est ainsi qu'on obtient l'émail blanc opaque, il est d'autant plus fusible qu'il contient plus de sable, de sel, et d'autant plus opaque qu'il contient plus d'étain. Ces émaux sont employés pour les cadrans des horloges, pendules et montres.

Les émaux transparents doivent leurs couleurs aux oxydes dont la liste suit.

On les colore :

En bleu, par l'oxyde de Cobalt.

En vert, par le mélange d'oxyde de fer et de cuivre, oxyde de chrôme;

En violet; par l'oxyde de manganèse

En rouge, par mélange d'oxyde de manganèse et de précipité pourpre de cassius;

En pourpre, par l'oxyde d'or;

En blanc, par les oxydes d'arsenic et de zinc;

En jaune, par l'oxyde d'argent ou un mélange d'une partie d'oxyde blanc d'antimoine, deux parties de blanc de plomb, d'une d'alun et d'une de sel ammoniaque.

Les oxydes métalliques agissent les uns sur les autres soit par l'intermédiaire de l'eau, soit à l'aide de la chaleur.

Leur action par la voie humide consiste surtout à se précipiter de leur dissolution soit dans l'eau, soit dans les alcalis, soit dans les acides et a se combiner entre eux.

Les combinaisons des oxydes sont très-nombreuses. Leur utilité pour les arts les rend dignes de toute notre attention.

Un des principaux avantages de ces unions de deux ou plusieurs oxydes métalliques est de donner la fusibilité à a certains oxydes qui seraient infusibles isolément.

La Silice particulièrement, combinée avec d'autres oxydes donne au composé la propriété de pouvoir se fondre à une température plus ou moins élevée et de pouvoir être coulé en masse vitreuse.

La coloration des émaux s'obtient au moyen des mêmes substances qui servent pour les autres verres colorés la dose en est seulement plus forte en général.

Sous le rapport du travail, on range les émaux des orfèvres en quatre classes

Les émaux en taille d'épargne ;
Les émaux cloisonnés ;
Les émaux de basse taille ;
Et les émaux mixtes qui participent de plusieurs procédés.

La gravure est liée à l'art de l'émailleur ; ainsi les émaux en taille d'épargne sont appliqués sur la gravure en taille d'épargne.

Cette gravure consiste à enlever le fond en ménageant ou épargnant les parties qui doivent paraître et les laissant en relief, le fond devant être rempli par de l'émail.

Les émaux cloisonnés sont ceux dont les fonds coloriés sont encaissés, pour ainsi dire, dans une sorte de cloison formant saillie.

Les Indiens, les Persans et les Chinois ont fait beaucoup d'ouvrages de ce genre. On y emploie généralement les émaux transparents, dits clairs, qui laissent voir le métal précieux sur lequel ils sont appliqués en lui donnant un nouvel aspect.

A Faenza et à Casteldurante, dans le duché d'Urbin, du temps de Raphaël, on faisait des vases plus remarquables par les dessins d'arabesques et de figures qui les enrichissaient, que par la beauté des coloris dont on ignorait les ressources variées. Les ornements étaient d'émaux opaques blancs sur des fonds d'émail noir et les figures exécutées d'abord, comme les ornements, en émail blanc, étaient seules égayées par quelques teintes de chairs, comme on le voit dans les beaux émaux de Limoges exécutés par les maîtres illustres Jean Toutain, orfèvre de Châteaudun qui vivait en 1630 (1).

Emploi. — Pour employer les émaux clairs on les broie

---

(1) Les émaux de Limoges sont exécutés sur des platines de cuivre rouge couvert d'un verre noir dont on faisait les sarbacanes. Le blanc qu'on y employait, pour modeler les figures et les ornements, est de l'émail à cadrans d'horloges.

seulement à l'eau, car ils ne peuvent l'être à l'huile comme les émaux opaques.

On les couche à plat bordés du métal sur lequel on les met (C'est l'émail cloisonné de l'orfévrerie et de la joaillerie). Il y a cependant quelques ouvrages faits tout en fond d'émail sans bordement. Les époques de Charles IX et Henri II ont laissé quelques spécimens de ce travail en moyenne grandeur.

Le cuivre est bon pour recevoir tous les émaux opaques mais il est mauvais pour l'application des émaux clairs. Pour appliquer l'émail clair sur cuivre il faut premièrement y déposer une couche de verre ou d'émail noir sur lequel on met une feuille d'argent qui reçoit ensuite les émaux que l'on veut et qui sont spécialement l'azur, l'aigue marine, le vert et le pourpre qui seuls s'en accommodent. L'or est le métal universel de l'émail opaque ou clair. Mais le pourpre clair fait surtout bel effet sur fond d'argent qui lui donne toute la fraicheur possible; l'or donne au pourpre une teinte jaune qui l'altère.

On doit choisir l'or le plus fin ; sur un bas or les émaux clairs prennent un aspect louche et plombé, c'est-à-dire qu'il y a un certain noir comme de la fumée qui assombrit la couleur, la bordoie se rangeant autour comme si c'était du plomb noir. La qualité de l'émail rouge doit être la dureté ; trop tendre il devient sale ou cendreux. Dans les émaux d'autres couleurs on doit, dans le choix qu'on en fait, préférer les plus durs, les moins durs se décolorant au feu perdent leur éclat de couleurs.

Les beaux jaunes clairs se font avec du cuivre calciné, de l'orpiment, de la rouille d'encre de fer, de l'or calciné que l'on prépare en le proportionnant avec le fondant qui se fait de cristal, de caillou, d'agate, de calcédoine, de sable de soude ou de sel de verre détails qui, rentrant dans la fabrication même des émaux, sortent du cadre de ce traité.

PEINTURE ET PLAQUES D'ÉMAIL.

On doit, pour la plus grande perfection du travail, opérer sur des plaques d'or, dit à 22 carats, le cuivre ayant l'inconvénient d'écailler et de jeter des vapeurs nuisibles à certaines couleurs, l'argent jaunit aussi les blancs. Le platine réussit bien.

Les plaques d'or doivent être embouties c'est-à-dire bombées extérieurement et creuses intérieurement, de formes rondes ou ovales ; si elles étaient plates, le métal en se mouvant au feu pourrait faire éclater ou pétiller l'émail au feu ; leur épaisseur ne doit être que suffisante pour qu'elles puissent soutenir la couche d'émail blanc opaque dont on les revêt pour y peindre ; l'alliage doit être moitié argent et moitié cuivre, l'émail dont on le couvrira sera moins exposé à verdir que si l'alliage était tout cuivre.

La couche d'émail blanc qu'on pose sur la partie bombée se tient plus épaisse que la couche appliquée derrière à la partie concave et qu'on nomme contre émail.

L'émail blanc dont les orfèvres se servent, bien broyé dans un mortier de caillou, de calcédoine ou d'agate purgé d'abord avec de l'eau forte et ensuite bien lavé dans l'eau bien claire ou même distillée avant de l'appliquer sur la plaque, glacé en verre dépoli et à la molette jusqu'à ce qu'elles fassent sous la molette la même sensation que l'huile même.

On se fait ensuite une palette en verre dit verre double, sous laquelle on applique avec la colle de pâte une feuille de papier blanc destiné à faire ressortir les couleurs et leurs mélanges. Les couleurs sont conservées en poudre dans de petites bouteilles de verre blanc étiquetées et numérotées comme on l'entend, pour éviter la confusion.

Pour émailler soi-même la plaque, on commence d'abord par préparer l'émail comme il suit :

L'émail blanc est celui dont les orfèvres et les horlogers se servent. Le meilleur est celui qu'on nomme émail de

Venise ; choisissez-le ni trop tendre ni trop dur : trop tendre il se fend (ou tresaille) trop dur, on risque de fondre la plaque. La blancheur est sa qualité principale. La recette suivante trouvée dans les papiers de M. de Montamy est à essayer.

10 onces de caillou ou quartz calciné, pilé tamisé et séché, 14 onces de minium séché sur du papier et broyé avec une spatule de bois dans un vaisseau de bois, 3 onces de nitre séché bien broyé, 2 onces de soude d'Espagne pulvérisée si elle est sèche, 1 once d'arsenic blanc bien pulvérisé, 1 once de cinabre naturel bien pulvérisé.

3 onces de verre blanc perlé venant de Bohême, il paraît qu'on y fait entrer du gypse ou de la craie, il sera pulvérisé, tamisé, lavé et séché.

Toutes ces substances placées avec soin dans un vaisseau vernissé seront mises dans un creuset bien bouché. On les fera fondre dans un fourneau de fusion, à vent, les premières cinq heures à petit feu, et en augmentant le feu pendant les dix-huit heures suivantes, après quoi on brisera le creuset et l'émail sera parfait.

On prendra ensuite le pain d'émail qu'on frappera à petits coups de marteau en le soutenant à l'extrémité du doigt. On recueillera tous les petits fragments qu'on pilera ensuite fortement dans le mortier d'agate, où l'on versera un peu d'eau froide pure, celle de fontaine est préférable. On continuera le broyage sur l'agate avec une molette en agate en ajoutant la quantité d'eau suffisante, (il ne faut jamais broyer à sec). Il ne faut pas non plus broyer jusqu'à ce que l'émail soit en crême ; il suffit que les grains soient assez fins et égaux en grosseur pour pouvoir se ranger et s'unir.

En un quart d'heure, on peut préparer assez d'émail pour l'employer immédiatement.

Une fois broyé, versez de l'eau dessus, laissez-le déposer, puis décantez avec soin par inclinaison l'eau qui emporte avec elle la teinture que le mortier a pu donner à l'émail et à l'eau. Continuez ces lotions jusqu'à ce que l'eau paraisse claire et incolore, observant a chaque lotion de laisser déposer l'émail.

Ramassez dans une soucoupe les différentes eaux des lotions, ce dépôt grossier pourra servir pour le contr'émail.

Pendant ces opérations la plaque champlevée trempe dans l'eau pure et froide où on la laisse du soir au lendemain, et même plus si l'on veut.

Conservez toujours l'émail broyé couvert d'eau, et s'il y en a plus que le nécessaire à l'emploi, tenez-le dans l'eau seconde.

EMPLOI DE L'ÉMAIL SUR UNE PLAQUE D'OR

Le chevalet, qui peut être de cuivre rouge ou jaune, n'est autre qu'une plaque repliée par les deux bouts, ces replis servent de pied et comme ils sont l'un plus haut que l'autre la surface penche.

Prenez l'émail broyé à l'eau avec la spatule à émail et déposez-le sur le chevalet. Reprenez peu à peu avec la spatule l'émail de dessus le chevalet, et portez-le dans le champlever de la plaque à émailler en commençant par un bout et finissant par l'autre. Un curedent supplée au besoin à la spatule, cela s'appelle charger.

Il faut que la première charge remplisse tout le champlever et soit au niveau de l'or du bord, car il s'agit ici d'une plaque d'or. Pour cette première charge, l'émail n'a pas besoin d'être broyé aussi fin que pour une seconde charge.

On pose ensuite la pierre ainsi chargée sur le bout des doigts et on la tapote par les côtés légèrement avec la spatule pour égaliser le dépôt ou l'assiette des molécules d'émail et les aider ainsi à se composer et se serrer entre elles.

Cela fait, on la pose sur un linge fin qui pompe l'eau que l'émail peut encore contenir.

Lorsque l'eau des bords est bien pompée on fait un pli

au linge fin et on le pose sur le milieu de l'émail à plusieurs reprises.

Après quoi on prend la spatule et on l'appuie légèrement sur toute la surface de l'émail sans le déranger. On met ensuite la pièce sur un morceau de tôle percé de trous qu'on dépose sur la cendre chaude jusqu'à évaporation complète de l'eau, ce qui se voit quand la pièce ne fume plus. On la passe ensuite au feu de cuisson, avant qu'elle ne soit froide, sans cela l'émail pourrait pétiller ou bouillonner. La plaque de tôle avant de s'en servir a dû être rougie et battue pour en dégager les écailles, il y faut des bords relevés, afin que la plaque n'y touchant que par ses extrémités le contr'émail ne s'y attache pas.

Il faut commencer par émailler d'abord le contr'émail qui se fait à une seule charge d'émail et à un seul feu.

Pour manier sur le feu et dans le fourneau la plaque de tôle on a une paire de longues pinces dite *relève moustache*.

MISE AU FEU ET CUISSON

Le fourneau à émail une fois bien établi dans un local convenable (sur un fourneau de cuisine par exemple) il y en a de dimensions moyennes et peu encombrantes chez Tholet, rue Bourg-l'Abbé, 6, on se procure de bon charbon de bois de hêtre et à son défaut de bois de chêne. On chargera d'abord le fond du fourneau de trois lits de branches d'un bon doigt de grosseur coupées égales de la longueur de l'intérieur du fourneau jusqu'à son ouverture les rangeant contiguës les unes aux autres.

On place celles du second lit dans les endroits où celles du premier lit se touchent et celles du troisième dans celles où se touchent celles du second.

On évitera, en choisissant, les branches les plus droites qu'il se forme des vides pour l'égalité de la conduite du feu. Cela fait, on a une moufle de terre, espèce de demi-cylindre soudé à un plancher bouché au fond et ouvert par devant, on la place sur les charbons dans le fourneau et l'ouverture tournée du côté de la bouche du fourneau et à ras de cette bouche; la moufle placée, il n'y a plus qu'à en garnir les côtés et la partie postérieure de charbon et de branches, les branches de côté rangées comme celles des lits, les postérieures sont mises transversalement. Les unes et les autres s'élèvent jusqu'à la hauteur de la moufle. Au delà de cette hauteur les branches sont rangées longitudinalement et parallèlement à celles des lits. Il n'y a qu'un lit sur la moufle, une fois ce dernier lit fait on prend du petit charbon de la même espèce et l'on en répand au-dessus à la hauteur de 4 centimètres. On couvre alors le fourneau de son chapiteau, on étend sur le fond de la moufle, trois ou cinq branches qui remplissent son intérieur en partie et on jette par la bouche du fourneau du charbon allumé.

On a une pièce de terre qu'on nomme l'âtre, ou la place sur la mentonnière, elle s'élève à la hauteur du fond de la moufle. On a de gros charbon de la même espèce que celui des lits, on en bouche toute l'ouverture de la moufle puis on laisse le fourneau s'allumer par l'air qui se porte aux fentes. Pour s'assurer que le charbon est partout bien allumé, on ouvre l'âtre et lorsqu'on voit les lits rouges partout, on remet l'âtre et les charbons qui étaient dessus, on avive le feu avec un soufflet.

Si en ôtant la porte du chapiteau l'on s'aperçoit que le charbon se soit soutenu élevé, il faut le faire descendre avec la pincette et souffler de nouveau après avoir remis la porte du chapiteau. Quand la couleur de la moufle aura atteint le rouge blanc, il sera temps alors de porter la pièce au feu.

Ce qu'on fera après avoir bien nettoyé le fond de la moufle, du charbon qui y est ou qu'on rejettera par le trou du chapiteau, on prendra la pièce avec le *relève-moustache*, et on la placera le plus avant possible au fond de la moufle, sans oublier de ne pas l'y introduire quand elle est froide, on la chauffe préalablement sur de la cendre.

La pièce une fois introduite, on la ferme avec deux charbons seulement, de façon à laisser voir ce qu'elle devient en dedans.

Si on voit que la fusion s'y opère plus fortement dans le fond que sur le devant, on retourne la pièce jusqu'à ce que la fusion paraisse égale. Il n'est pas nécessaire au premier feu que la fusion soit poussée jusqu'où elle peut aller. On retire la pièce dès qu'on voit sa surface également unie et glacée ou luisante. On observera de ne pas poser la pièce chaude sur du marbre qui la ferait pétiller et craquer partout, mais sur une pièce de bois ou une brique chaude.

Le contr'émail établi, on charge la surface sur laquelle on veut peindre, on la cuit comme on vient de dire, on la charge une seconde fois et on la recuit avec les mêmes précautions.

L'émail qui sert à recharger la surface définitive sur laquelle on veut peindre, doit être broyé le plus fin possible sans toutefois être mis en bouillie.

Une attention particulièrement à recommander au cuiseur est de balancer sa pièce, l'inclinant de gauche à droite et de droite à gauche, de la retourner et de distribuer ainsi partout le plus également possible la chaleur à chaque feu. S'il se formait des creux on les rechargerait d'émail et on recuirait.

Voilà pour les plaques d'or; quant à celles de cuivre il faut les charger jusqu'à trois fois et les passer autant de fois au feu, l'émail en devient même d'un plus beau poli.

Celles d'argent ne réussissent pas, l'argent se boursoufle et fait boursoufler l'émail.

On fait de très-belles plaques d'émail sur fond de platine qui est le métal qui supporte le mieux les hautes températures.

PEINTURE DE L'ÉMAIL.

On réussit mieux la peinture sur des plaques d'or qui ne donnent jamais à l'émail une teinte verdâtre, qui arrive parfois aux plaques de cuivre.

On commence par calquer le dessin de ce qu'on veut peindre et on le dessine d'abord au pinceau avec du rouge brun qui est fait de vitriol et de salpêtre, cette couleur comme toutes les autres, ayant été préalablement broyée avec soin à la lavande, dite huile d'aspic. On aura deux flacons de cette huile, un de lavande grasse et l'autre de lavande limpide, dont on versera quelques gouttes dans deux godets séparés. L'essence de lavande grasse est pour tenir la couleur délayée à la consistance de la peinture à l'huile, l'essence de lavande plus liquide est pour aider à étendre la couleur sur l'émail si elle tirait trop sous le pinceau ou était trop sèche.

Le trait du sujet étant délicatement tracé au pinceau fin avec la couleur vitrifiable dite rouge de mars, qui est légère et ne nuit à rien de ce qu'on mettra par dessus; l'artiste le mettra à sécher sur la plaque de tôle percée de trous qu'il posera sur un poêle chaud ou une chaufferette.

Il reprend ensuite son travail pour colorer le reste de son ébauche, d'après les principes de l'art dont nous ne pouvons ici donner, bien entendu, les règles. On met d'abord un aplat de ton local de chair qu'on applique largement et qu'on putoise exactement comme dans la porcelaine. On sèche de nouveau, on masse les ombres avec les tons voulus, mais toujours extrêmement clairs et faibles, de façon à ce que le travail soit comme un brouillard léger où le modelé n'arrive que graduellement. L'art du peintre d'émail consiste à préparer pour chaque feu son ouvrage qui n'arrivera à la perfection dernière que par la combinaison raisonnée et bien entendue d'une succession d'ébauches.

On n'arrivera à la connaissance de la palette que par

des essais de mélanges faits comme échantillons sur des plaques émaillées, c'est ce qu'on nomme l'étude des inventaires. On échantillonnera d'abord les couleurs simples puis leurs mélanges.

Les couleurs ont beaucoup d'analogie avec celles dont on se sert pour peindre la porcelaine tendre. Les roses et les pourpres qui sont des couleurs d'or servent de base pour obtenir des rouges.

On fait des rouges vermillonnés en mêlant des carmins avec des jaunes clairs ou foncés ou en superposant en second feu des carmins et des pourpres à des jaunes clairs ou foncés.

On fait des tons de chairs clairs en mêlant le jaune pâle ivoire, avec des carmins clairs en très-petite quantité.

Le rose de la bouche et des joues se fait avec du carmin employé pur. On obtient de très-jolis tons chauds avec du jaune doré et du carmin, avec du jaune doré et du pourpre pour avoir le ton plus fort.

Les bruns s'obtiennent avec les jaunes foncés mêlés de carmin, de pourpre, de violet, d'or.

Les gris se font en mêlant les verts avec les carmins et une pointe de jaune, ou avec des carmins, de l'outremer et une pointe de vert noir, de noir ou de jaune selon la qualité, la finesse ou la chaleur de ton qu'on veut y donner. On n'emploie avec succès le blanc dans l'émail que comme rehauts dans des linges ou étoffes blanches; pour les points lumineux de l'œil; ou pour des luisants de reflets métalliques.

Évitez d'employer les couleurs avec trop d'huile, ce qui occasionnerait des écarts dans la couleur et ce qu'on nomme de la grippe, des croûtes, des œillets, du bouillonage.

Les couleurs sont des chaux métalliques et si l'huile dont elles ont été abreuvées en peignant est trop considérable il en résultera des accidents souvent irréparables. Les épaisseurs de couleur feront écailler si on n'y prend garde et ne se parfondront pas bien au feu. La couleur du carmin bien cuite doit être bien rose ; trop cuite, elle passe au violet, pas assez cuite, elle reste briquetée.

L'achat des couleurs est très-important. Les bonnes conditions d'une palette ou assortiment de couleurs à émail consistent à ce qu'elles soient autant que possible toutes du même degré de fusibilité. On rejettera celles qui étant trop dures resteraient mates à la cuisson.

La peinture sur émail exige une très-grande expérience, elle est d'une grande difficulté d'exécution, mais son inaltérabilité et sa solidité la rendent toujours très-précieuse entre les mains d'un artiste consommé.

L'émail peut cuire jusqu'à cinq fois, mais un plus grand nombre de cuissons ferait souffrir les couleurs, encore faut-il pour qu'elles y résistent qu'elles soient excellentes. On se borne généralement à trois feux. Chaque retouche doit recouvrir entièrement le dessous ; on n'a jamais d'inconvénient à ébaucher très-clair et plutôt trop jaune pâle que trop rose ; on peut roser des jaunes pâles, mais on ne peut ramener facilement le trop rose, trop violet ou trop pourpre à des tons chauds. Si une couleur disparaît entièrement on en sera quitte pour la repeindre, à moins que cet accident n'arrive que dans le dernier feu.

Il se forme parfois des trous dans une teinte couchée avec trop d'huile, il faut prendre le diamant et user en grattant la croûte, repasser au feu afin d'unir et repolir l'endroit, puis repeindre toute la pièce en se défiant de la couleur suspecte. Lorsqu'un vert est trop brun on l'atténuera avec un peu de jaune pâle repassé par dessus.

Dussieux dit dans ses *Recherches sur l'émail* :

« Cette peinture résiste à l'action de l'air, de l'eau, de l'humidité, de la chaleur, du froid, de la poussière et de tous les agents destructeurs de la peinture à l'huile. »

Cette opinion a déterminé feu Morteleque à chercher à donner à la peinture monumentale sur lave émaillée les qualités d'éternelle et inaltérable solidité qui manquaient à toutes les autres peintures connues. Ses procédés ont donné de beaux résultats. M. Jollivet, un peintre d'histoire de talent, a consacré avec un dévouement plein de désintéressement, que l'amour du grand art peut seul inspirer, une grande partie de sa vie d'artiste et de sa fortune à doter l'art sérieux de procédés de peinture sur lave perfectionnés pour la peinture extérieure monumentale.

Les couleurs de M. Jollivet sont mêlées à du verre porphyrisé qui n'altère en rien leur éclat, le blanc d'émail est une base principale de sa peinture.

Le verre en poudre mêlé aux couleurs, les enveloppe et les liquéfie en les vitrifiant au feu. A l'emploi, les couleurs ont d'abord l'aspect mat de la fresque.

La glaçure de l'émail ne paraît qu'à la cuisson qui peut sans danger arriver à quatre feux.

Les personnes qui ont pu visiter attentivement la galerie de l'histoire du travail y ont admiré de nombreux spécimens d'émaux en tous genres. Jaques Bordier et Jean Petitot, dont le Musée du Louvre conserve de magnifiques portraits historiques; Louis Hence et Louis de Guernier, dont les moindres œuvres sont disputées par les amateurs à des prix fabuleux, offrent la dernière expression de la belle époque de la peinture en émail, après laquelle cet art tomba graduellement en décadence au point de passer tout à fait de mode jusqu'au moment où l'on vit reparaître d'assez belles œuvres, sous le pinceau du portraitiste moderne, Jean-Baptiste-Jacques Augustin, et de son émule de Genève, M. S. Coanis, qui a laissé de nombreux ouvrages, parmi lesquels on cite le portrait de Madame de Staël et du roi Louis XVIII, et une fort belle reproduction de la Galathée de Girodet, son illustre professeur, émail de cinq pouces de haut.

La difficulté d'obtenir et de réussir de grandes plaques peintes sur émail, fit imaginer de remplacer ce genre de peintures par des plaques en porcelaine qui pouvaient atteindre des proportions beaucoup plus étendues. On fit à cette époque, à la manufacture royale de Sèvres, l'entrée d'Henri IV à Paris, peint d'après Gérard, par Constantin de Genève; Georget exécuta, d'après Gros, l'Entrevue de François Ier et de Charles-Quint pendant la visite des tombeaux de Saint-Denis. Toutefois, l'admiration publique s'est aussi portée dans la galerie des produits modernes de 1867 vers de splendides émaux sortis des mains de nos plus habiles artistes vivants, qui doivent leur remarquable beauté de glaçure à un vernis dont M. Henri Berthoud donne, dans un de ses savants articles, la composition que nous reproduisons ici sans en avoir fait l'expérience :

« Mêlez à de la poudre fine de verre de Limoges (verre de potasse et d'alumine), ou à tout autre émail, un double chlorure de platine et d'alumine, préparez-le en dissolvant les deux métaux à la fois dans l'eau régale, vous obtiendrez de très-beaux effets qui varient avec les proportions des corps mélangés, l'émail prend un lustre très-beau et aux couleurs chatoyantes de l'Iris. »

Parmi les pièces à émaux translucides sur plaque d'or ciselée en relief de basse taille, que possède le Musée du Louvre, l'une d'elles représente Jésus-Christ, la tête surmontée du trirègne ou tiare à triple couronne; on voit à sa droite un saint portant le globe et l'épée, à sa gauche est un saint Jean; les figures sont à mi-corps et d'un style qui se rattache au quatorzième siècle.

Après cette date viennent les émaux peints sur couverte émaillée ou peinture en émail proprement dite. Aux dernières années du quinzième siècle, la plaque métallique n'est pas fouillée ni en haute ni basse taille, et les effets de lumière comme dans la peinture à l'huile se produisent sur fond opaque, les plaques sont très-minces, embouties ou non avec contre-émail.

L'industrie et la bijouterie moderne ont, depuis plusieurs années, remis en vogue les incrustés sur plaques de cuivre, surtout appliqués aux objets de décoration religieuse du culte catholique. L'Exposition de 1867 fournit aux artistes et amateurs de nombreux et riches échantillons de crosses d'évêques, de reliquaires de formes et de matières les plus variées en émaux cloisonnés, ou plus généralement encore, incrustés dans des cavités préparées par le burin du graveur. Ces sortes d'ornements, qu'on appelle aussi émail en applique, s'adaptaient à l'ornementation de coffres, de châsses ou de monuments funéraires, en les vissant ou clouant sur les objets mêmes qui devaient les recevoir.

On voit encore aujourd'hui dans plusieurs villes d'Egypte des édifices construits en briques émaillées recueillies dans les débris d'anciennes villes ruinées aujourd'hui. Cependant on fait honneur aux Gaulois vers le troisième siècle de cette belle découverte. Le mot émail dans le blason est synonyme de couleur. On compte cinq émaux ou couleurs : le rouge, le bleu, le vert, le violet et le noir employés à la représentation figurative des armoiries. Il y a aussi deux métaux, l'or et l'argent. Les couleurs du blason se nomment aussi fourrures. Dans le blason le bleu s'appelle (azur) le rouge (gueules) le vert (sinople) le noir (sable) et le violet (pourpre).

On appliquait autrefois la dénomination d'émailleurs non-seulement aux artistes qui peignaient sur émail, mais aux marchands verriers, couvreurs de flacons et bouteilles d'osier, aux faïenciers, enfin aux patenôtriers ou fabricants de chapelets en verre et en émail et aux boutonniers même.

Disons deux mots ici pour terminer, de la lampe d'émailleur. C'est une lampe plate à grosse mèche fixée dans l'établi de l'orfèvre et du bijoutier et à laquelle est adapté un soufflet qu'on fait agir avec le pied, le vent arrive par un conduit sur la mèche et en allonge la flamme qu'on dirige ainsi sur l'objet qu'on veut ramollir ou fondre.

GALVANOPLASTIE

GALVANO-SCULPTURE, — GALVANOTYPIE
ÉLECTROTYPE, — DAGUERRÉOTYPE, — PHOTOGRAPHIE SUR PAPIER,
PHOTOGRAVURE, — PHOTOSCULPTURE.

Galvanoplastie.

ALVANOPLASTIE, vient du mot galvanisme, tout ce qui se rapporte à l'électricité, et du grec *plasso*, je façonne, je fabrique au moyen de l'électricité.

Extrait du cours public de M. Becquerel.

Quand un courant électrique suffisamment énergique traverse une dissolution saline, le sel est décomposé, l'acide se rend au pôle positif de la pile, la base au pôle négatif; souvent même la décomposition est encore plus complète : l'oxygène de la base se sépare du métal et se rend avec l'acide au pôle positif, tandis que le métal réduit se dépose au pôle négatif. Voilà le principe de la galvanoplastie.

Cette branche de la science a pour objet de reproduire fidèlement une foule d'objets : médailles, statuettes, etc. Ce n'est pas ici le lieu d'entrer dans des détails de fabrication qui constituent le *tour de main* sans lequel on ne fait rien de bien dans aucun métier. Il y a loin entre la théorie et la pratique, entre la tête et la main. Nous tâcherons seulement de faire comprendre les procédés employés. Il faut d'abord se procurer un moule en creux de l'objet qu'on veut représenter. On a employé une foule de substances pour la confection de ces moules. On a essayé successivement le plomb, l'alliage fusible de Darcet. On faisait fondre ces substances, et, au moment de la solidification, on laissait tomber l'objet à reproduire d'une petite hauteur et bien d'aplomb. On s'est encore servi du soufre et de la stéarine, qu'on coulait sur l'objet et qu'on laissait ensuite refroidir. Quelquefois on employait du plomb froid dans lequel on enfonçait la médaille à coups de marteau. On préfère aujourd'hui se servir de la gutta-percha. On la chauffe pour la ramollir, puis on la presse contre la pièce en relief. Par le refroidissement, cette substance durcit en gardant une certaine élasticité qui permet de la retirer des creux où elle a pénétré, sans endommager le moule ni l'objet. Elle présente aussi l'avantage de prendre l'empreinte des détails les plus délicats. Enfin, on fabrique quelquefois des moules en formant sur l'objet lui-même un dépôt galvanoplastique qui sert ensuite à former d'autres dépôts représentant fidèlement l'objet primitif. Dans tous les cas, quel que soit le procédé employé, il faut rendre le moule bon conducteur de l'électricité, et, en même temps, empêcher l'adhérence du dépôt. Pour cela, on *métallise* la surface du moule avec de la plombagine réduite en poudre impalpable, et que l'on étend à l'aide d'un pinceau de blaireau.

Ainsi préparé, le moule est *flambé* sur une flamme résineuse; il se recouvre d'une couche excessivement faible de matière grasse qui empêche l'adhérence sans détruire sa conductibilité. Il est alors prêt à mettre dans le bain.

Le métal qu'on emploie le plus ordinairement est le cuivre. Le bain se compose alors d'une dissolution de sulfate de cuivre légèrement acidulé avec de l'acide sulfurique, et quelquefois un peu d'acide azotique. On réussit aussi bien avec les autres sels de cuivre. Si l'on préfère le sulfate, c'est que son prix est moins élevé. L'appareil dont on se sert est simple ou composé. Il est simple quand le courant électrique est produit dans le bain lui-même; il est composé quand l'électricité est fournie par une pile séparée. L'appareil simple se compose d'un vase de verre contenant le sulfate de cuivre; dans ce bain plonge soit un manchon de verre fermé par une membrane en baudruche, soit un vase en terre poreuse analogue à ceux des piles; dans ce compartiment, on met de l'eau acidulée par l'acide sulfurique. Dans cette eau plonge un cylindre de zinc; un fil de cuivre attaché au zinc se recourbe dans le bain de sulfate de cuivre, et c'est à ce fil qu'on attache le moule. Cet appareil ainsi monté constitue une véritable *pile de Daniell*; le sulfate de cuivre se décompose, et le cuivre revivifié se dépose sur le moule. Mais la dissolution ne reste pas au même degré de concentration, et le dépôt n'est pas homogène. On obvie à cet inconvénient en plaçant dans la dissolution des cristaux de sulfate de cuivre, qui, en se dissolvant, remplacent celui qui se décompose. On obtient de très-bons résultats avec cette disposition. Dans les appareils composés, on emploie une pile ordinaire aux pôles de laquelle on attache deux fils métalliques qui s'attachent à deux tringles placées dans le bain. A l'une de ces tringles on suspend les moules, à l'autre une lame de cuivre; c'est cette lame qui empêche le bain de s'appauvrir; elle est au pôle positif de la pile; à mesure que le dépôt se fait, l'acide et l'oxygène, qui se portent à ce pôle *à l'état naissant*, lui enlèvent une quantité de cuivre égale à celle qui s'est déposée (ou un peu plus forte quand le bain est acide) et reconstituent du sulfate de cuivre.

On donne à cette lame le nom d'*électrode soluble*. Cet appareil composé sert surtout pour les pièces de grande dimension.

On a reconnu que le dépôt de cuivre se faisait mal, quand le courant n'avait pas une intensité convenable. S'il est trop fort, le dépôt est grenu, il n'a pas de finesse et est cassant; il importe surtout que son intensité soit constante; on le constate au moyen d'une aiguille aimantée qu'on place sur son passage: la déviation qu'elle éprouve ne doit pas varier. Quand le dépôt se fait bien, il a une teinte rosée; s'il tourne au rouge brique, il ne vaut rien, il faut recommencer. La température exerce aussi une grande influence; c'est avec un bain à 15 degrés qu'on obtient les meilleurs résultats. Il faut, autant que possible, placer les pièces horizontalement; dans toute autre position, elles plongent dans des couches de liquide dont la densité varie avec la profondeur. Il se produit alors des stries dans la contexture du cuivre. Enfin la surface de l'électrode soluble doit être un peu plus grande que celle du moule; celle du zinc de la pile doit avoir la même étendue; on peut placer dans le même bain plusieurs moules, ils se recouvrent tous aussi bien.

On peut déposer par la galvanoplastie, non-seulement du cuivre, mais toutes sortes de métaux; on réussit très-bien avec l'or et surtout avec l'argent. La composition des bains est la même que pour l'argenture et la dorure; M. Elkington a obtenu de beaux résultats avec le platine. On peut même déposer du fer; M. Ed. Becquerel a montré une médaille obtenue dans son laboratoire en quarante-huit heures, avec un bain de chlorure double de fer et d'ammoniaque à l'abri du contact de l'air.

La galvanoplastie a déjà reçu de nombreuses applications: outre la reproduction des médailles et des bas-reliefs, on peut obtenir des objets en ronde bosse; on les moule en plusieurs morceaux qu'on reproduit séparément et qu'on soude ensuite à la soudure forte. M. Becquerel a présenté une coupe montée sur pied et reproduite par la galvanoplastie. On a appliqué cet art à la reproduction des gravures en taille-douce et des planches d'impression.

Le Conservatoire possède, dans ses collections, des planches obtenues ainsi à l'imprimerie impériale de Vienne. On a proposé de recouvrir les vases en verre des laboratoires, d'une couche de cuivre, sous prétexte que le cuivre, en vertu de sa conductibilité pour la chaleur, la répandrait uniformément et préviendrait ainsi leur rupture. S'il y a là quelque chose de vrai, ce n'est pas absolu; ces vases se cassent comme d'autres, et ils coûtent beaucoup plus cher. Enfin M. Christophle a eu l'idée d'une application très-ingénieuse : il reproduit en galvanoplastie des bronzes d'ornement avec leurs ciselures les plus délicates. Mais comme les dépôts n'ont pas une épaisseur suffisante pour l'usage, voici le procédé employé par M. Christophle : il place sur un fourneau les pièces retirées du bain, et les recouvre d'un corps fondant à une température un peu moins élevée que le cuivre, la soudure ordinaire, qui est une sorte de bronze; en chauffant jusqu'à la fusion de cette dernière, on obtient des pièces solides tout en conservant les ciselures du modèle.

Tous les objets obtenus par la galvanoplastie doivent être peints ou bronzés, car ils n'ont pas une contexture aussi serrée que le cuivre coulé, et ils s'altéreraient à l'air.

Galvanosculpture.

PROCÉDÉ LENOIR.

(Extrait de l'Ami des Sciences, 17 février 1856.)

La galvanotypie ou électrotypie est une application des forces de l'électricité à la reproduction des clichés aux planches gravées, et en général a rapport à tous les objets qui ont pour but de transporter des empreintes sur d'autres corps au moyen de la pression.

Le cuivre est le métal employé particulièrement dans la galvanoplastie et l'électrotypie. L'appareil qui sert à le déposer est toujours une pile voltaique dont le pôle négatif est mis en communication avec les objets sur lesquels on veut opérer, et le pôle positif avec une solution de sulfate de cuivre assez mince pour ne pas empâter les formes délicates.

Quand les modèles qu'on veut reproduire ne sont pas bons conducteurs de l'électricité, tels que le plâtre, la cire, la terre, la stéarine, il suffit pour y obvier de les enduire de mine de plomb avec une brosse douce qui pénètre dans toutes les cavités. On peut ainsi reproduire des fruits naturels, des branches, des feuilles, des animaux, insectes ou autres, et des fleurs.

Ce moyen sert aussi à reproduire les deux faces d'une médaille; on couvre simplement de cire celle des deux faces dont on ne veut pas prendre les deux creux, et on opère comme précédemment.

La galvanoplastie reproduit ainsi utilement toute planche gravée sur cuivre, les planches de cuivre plaquées du daguéréotype, les clichés et même des dessins exécutés sur métal au moyen de certaines compositions spéciales.

Galvanisation.

Cette expression s'applique improprement à l'opération par laquelle on recouvre certains métaux, spécialement le fer d'une couche de zinc, en le plongeant dans un bain de zinc en fusion pour le préserver de l'oxydation.

C'est, autrement dit, l'étamage par le zinc.

Le zinc préserve la tôle de l'oxydation, les couvertures de toits, les tuyaux à vapeur et les gouttières, les doublures de navires, les formes des pains de sucre, tout ce qui peut se fabriquer en tôle, subit utilement la galvanisation qui en assure la conservation et la durée. On zingue avantageusement tous les objets en fer façonné, chaînes, treillis, outils de jardin, à l'exception de ceux destinés à contenir des aliments, car les liquides acides dissolvent le zinc et occasionneraient en ce cas de graves accidents.

La galvanisation par le zinc se fait de la même façon que l'étamage par l'étain, avec cet avantage sur ce dernier de tenir plus longtemps à l'air. Le fer est protégé par le zinc dans toutes les parties qu'il recouvre et même dans celles qui ont pu rester à découvert, le contact des deux métaux formant un couple galvanique. Le fer y représente l'élément électro-négatif et le zinc l'élément électro-positif, de façon que l'oxygène de l'air se porte de préférence sur ce dernier, — d'où le fer zingué a pris le nom de fer galvanisé.

Photographie et Daguerréotype.

Les effets physiques produits par la lumière sur toute la nature sont innombrables et incompréhensibles. Quelques-uns de ces phénomènes observés, ont produit de nos jours les plus merveilleuses inventions. On savait déjà que le bitume de judée et quelques autres substances, telles que les sels d'argent sous les rayons solaires étaient impressionnables et par conséquent modifiées par leur action.

Une feuille de papier imprégnée de chlorure d'argent sur laquelle on avait appliqué une gravure décalquée sur un verre, restait marquée d'une empreinte noire produite sur l'enduit de chlorure d'argent, partout où la lumière avait passé, donnant ainsi de l'image une épreuve noircie dans les lumières, et une transposition des ombres en clair et des clairs en ombre.

C'est à l'association de Niepce de Saint-Victor et de Daguerre qu'on doit la découverte des moyens de fixer sur une planche de cuivre, doublée d'argent, à l'aide de la lumière, les images exactes des objets qui se voient dans la chambre obscure.

PRÉPARATION ET POLISSAGE DES PLAQUES.

On prend une plaque argentée en plaqué que l'on polit à l'aide d'un tampon de coton, au moyen de l'alcool et d'un peu de tripoli très-fin. Après l'avoir bien soigneusement séchée au tripoli, passé avec le coton et sans alcool, et l'avoir époussetée de façon à n'y pas laisser voltiger ou séjourner aucun atôme de corps étrangers, on la porte dans l'obscurité d'un cabinet noir éclairé seulement d'une bougie, et on l'expose environ deux minutes à la vapeur de l'iode placée dans une boîte horizontale, jusqu'à ce que la surface soit bien également couverte d'une belle teinte jaune d'or, qui détermine par sa présence et son action sur l'argent, une couche de substance dite iodure d'argent. Il vaut mieux, pour la réussite de l'opération, que l'iodage de la plaque tire un peu sur le rose velouté ou pourpre.

Ainsi préparée, la plaque enfermée hermétiquement à l'abri de la lumière solaire, dans un châssis à volets de velours, est en état de recevoir l'image de la nature. On l'expose à cet effet dans la chambre obscure, aux lieu et place où le miroir recevait les images extérieures, après s'être assuré d'avance de la netteté du foyer des images et avoir mis bien au point l'objectif de l'instrument dont on se sert. Cet objectif un instant fermé, pour donner le temps de remplacer le miroir par le châssis qui renferme la plaque, on ouvre intérieurement les volets de velours qui la tenaient à l'abri du soleil et on rouvre immédiatement l'objectif, la lumière commence à l'instant son travail sur l'iodure de la plaque dans les parties ombrées, l'iode est respectée dans les parties de lumière et les demi-teintes, il s'opère une action chimique mystérieuse sur l'argent, l'iodure est altérée. On referme la plaque au bout de quelques minutes d'action solaire derrière ses deux volets, et la portant de nouveau dans le cabinet noir des préparations, on enlève la plaque du châssis pour la placer sous un angle de 45 degrés d'inclinaison, dans une boîte carrée dont le fond contient un godet plein de mercure et une des parois en face est vitrée pour laisser voir la plaque. On chauffe à la lampe d'alcool le mercure qui, montant invisiblement en vapeur vient créer à la surface argentée de la plaque un amalgame d'argent et de mercure qui dévoile aux regards surpris les détails les plus merveilleux de l'image. Des chimistes photographes ont trouvé des substances, dites accélératrices, c'est-à-dire des moyens de rendre l'iodure d'argent encore plus sensible à la lumière qu'il ne l'était dans l'origine de l'invention. L'image ainsi obtenue, on trouva que le lavage à l'hyposulfite de soude, qui dissout l'argent non impressionné, et à l'eau distillée la dépouillait entièrement de l'iode, mais on y ajouta le bain de chlorure d'or qui acheva de donner à l'image plus de lumière et une fixité plus grande. Il restait à obvier au miroitage de la plaque qui nuisait toujours passablement à la vue distincte des épreuves. C'est alors qu'on s'occupa de tous côtés de reproduire par la gravure et l'impression les points de vue obtenus par ce moyen. La photographie sur papier dont Talbot s'était occupé et qui devrait réellement s'appeler Talbotype, devait plus tard obvier à ce défaut. Elle permet de reproduire par ses procédés une image, un nombre illimité de fois et se compose de deux opérations fort simples : la première, où l'on obtient une image négative, c'est-à-dire avec transposition des clairs à la place des ombres, et la seconde à opérer à l'aide de cette image négative qu'on appelle cliché, la véritable reproduction positive de l'image avec les ombres et les clairs dans leur véritable sens. Il faut que le papier très-mince sur lequel est l'épreuve négative, soit perméable à la lumière et celui de l'épreuve positive plus épais, tous deux très-lisses et de grain bien homogène. On obtient des épreuves négatives sur verre pour des portraits et sur papier pour des paysages :

Première opération. — On fait prendre au papier la teinte sensible en l'étendant au fond d'un bassin de porcelaine, sous une dissolution de 30 parties d'eau et d'une d'azotate d'argent. Séché ensuite, on le plonge dans un bain de 25 parties d'iodure de potassium, d'une de brômure de potassium et 260 d'eau distillée ; lavé et séché ensuite, il peut être conservé ainsi dans un portefeuille à l'abri de la lumière sans aucune altération. Pour s'en servir, on mouille sa surface avant d'opérer, avec 11 parties d'acide acétique, et alors il est apte à recevoir l'impression de la chambre obscure pendant 10 à 20 secondes, ou même un peu plus par un temps de lumière diffuse et un ciel gris.

Le lavage de l'épreuve se fait dans un mélange de 8 parties d'acide gallique avec 100 d'eau distillée et l'image naît d'abord d'une teinte roux bistrée qui passe au noir brun ou gris par l'effet de l'acide gallique agissant sur l'argent.

Une dissolution de 5 parties de brômure de potassium dans 200 parties d'eau distillée vient fournir au lavage, on sèche ensuite l'épreuve. Le papier est rendu transparent au moyen de cire râclée et fondue, en y passant un fer chaud.

Le négatif s'obtient en versant sur une plaque de verre tenue horizontalement par l'un des coins un liquide appelé collodion, qui contient de l'iodure de potassium; il faut avoir eu le soin préalable de bien soigneusement nettoyer ou décaper la surface du verre avec un peu de terre pourrie délayée dans l'alcool et frottée avec un tampon de coton, puis séchée. La difficulté de l'opération consiste à bien égaliser la nappe liquide de collodion à la superficie du verre. L'éther du collodion se vaporise, la surface se ternit et on plonge le verre ainsi préparé dans une dissolution de 1 gramme d'azotate d'argent pour 10 grammes d'eau. Ce bain doit être donné dans l'obscurité ou derrière un verre jaune, dans un cabinet noir pendant 50 à 60 secondes. On égoutte ensuite après que l'iodure de potassium s'est transformé en iodure d'argent, et alors on expose la plaque de verre collodionnée dans la chambre noire après l'avoir placée comme pour le daguerréotype, dans un châssis fermé à la lumière qui ne s'ouvre qu'au moment de l'action solaire. L'iodure d'argent se décompose par la lumière, on plonge la plaque, après le séjour dans la chambre obscure, dans une dissolution de 100 parties d'eau et 4 d'acide pyrogallique, plus 6 d'acide acétique qu'on chauffe légèrement, et l'image devient visible partout où l'action solaire a, par la décomposition de l'iodure d'argent, formé un gallate d'argent. On lave ensuite à l'hyposulfite de soude qui dissout l'iodure d'argent non décomposé à cause de l'intervention des ombres qui ont arrêté la lumière. Le lavage rend les blancs inaltérables. Ces clichés négatifs sur verre donnent un nombre indéfini d'épreuves en les comprimant entre deux verres avec du papier positif imprégné de chlorure d'argent. On expose deux papiers ainsi assemblés à la lumière, les noirs de la négative font ombre sur le papier positif et donnent des clairs, et les clairs de la négative donnent des noirs sur le positif au chlorure d'argent altéré par la lumière ; on baigne l'image positive pour la fixer dans un bain d'hyposulfite de soude (1 de sel et 8 d'eau,) pendant 20 minutes, puis on la laisse plusieurs heures dans le bain de chlorure d'or. 1 gramme chlorure d'or pour un litre d'eau, et on la sèche et passe à la presse.

Les verres préparés à l'albumine peuvent ne pas être employés immédiatement sans perdre leur sensibilité.

L'albumine se compose en dissolvant 1 centième d'iodure de potassium, plus un quart d'eau dans des blancs d'œufs battus en neige pour étendre sur le verre. On conserve le flacon bien bouché. Une plaque albuminée et séchée ensuite à l'abri de la poussière et de la lumière demeure sensible un mois entier, on opère avec elle comme pour les négatives sur papier.

La photographie sur le linge.

Depuis quelque temps déjà, on voit à l'étalage des magasins, des photographies reproduites sur des mouchoirs, des cols de chemises, etc.

Certaines personnes vont jusqu'à marquer leur linge avec leur portrait, en guise d'initiale.

Voici, dit le *Précurseur d'Anvers*, comment on obtient ces illustrations :

Le tissu doit d'abord être complétement débarrassé de son apprêt, puis recouvert, dans les parties où on veut tirer l'épreuve, d'un encollage formé de :

Eau distillée, 125 centimètres cubes ;
Chlorhydrate d'ammoniaque, 1 gramme 250 centigr. ;

Albumine, 1 blanc d'œuf.

On place l'étoffe par le côté où il s'agit d'imprimer l'image sur cet encollage. On l'y laisse cinq minutes, puis on abandonne à la dessiccation.

On la rend alors sensible à l'action de la lumière, en mettant le côté albuminé en contact avec un bain d'argent à 10 0/0.

L'opération doit durer de cinq à six minutes, et être effectuée avec le plus grand soin, car si le bain touchait aux parties qui ne sont pas albuminées, il y produirait infailliblement des taches.

On doit faire poser le jour même de la sensibilisation. On complète l'opération par le virage et le fixage d'après les moyens ordinaires.

Ces photographies, ainsi obtenues, sont lavées et savonnées sans subir aucune altération.

La Photogravure.

Un vrai savant, M. Tessier-Dumotet, ayant déjà enrichi l'industrie d'une foule de découvertes importantes, vient enfin de résoudre le problème de la photogravure, c'est-à-dire de la gravure photographique, et d'assurer à tout jamais la durée des épreuves obtenues par les moyens nouveaux dont il n'a encore confié le secret qu'à ses associés.

Nous avons vu hier les magnifiques spécimens de reproduction en toutes couleurs des plus belles gravures, de dessins, de sculptures, de portraits, résultant des premiers essais, et nous n'hésitons pas à affirmer que c'est le dernier mot et la solution radicale du problème tant cherché.

Voici, autant que nous l'avons pu saisir d'après quelques explications sommaires, en quoi consiste l'opération qui donne de si prodigieux résultats : on place devant l'objectif, selon la méthode ordinaire, la personne ou la chose qu'il s'agit de photographier; on obtient en quelques secondes un cliché sur verre; on lui fait subir la manipulation qui doit le fixer; puis, on le dépose sur une plaque solide enduite d'une matière qui constitue l'invention de M. Tessier-Dumotet.

Cette première opération accomplie, il suffit de l'action du soleil ou de la lumière pour constituer en quelques minutes une planche sur laquelle on peut tirer immédiatement avec les presses d'imprimerie jusqu'à deux cents épreuves ayant les mêmes conditions de fini, d'exécution et de durée que les gravures au burin les plus soignées.

Et comme le cliché primitif fournit autant de planches que l'on peut lui en demander, il résulte de cette combinaison si simple et si rapide qu'une photogravure peut être tirée aisément et parfaitement à cent mille exemplaires dans une journée, à la seule condition de multiplier les ateliers.

N'est-il pas vrai que c'est là une révolution complète et qui intéresse au plus haut point les arts, l'industrie et le commerce? Quels bienfaits ne résulteront-ils pas de la vulgarisation de tous les chefs-d'œuvre, de la reproduction à vil prix de toutes les images avec la certitude que le temps ne détruira plus ces richesses?

Il est inutile de s'étendre sur les immenses avantages d'une telle découverte, nous avons tenu à la signaler les premiers; nous aurons avant peu à y revenir, quand tout le monde s'en occupera.

La Photosculpture.

Après la gravure dite photogravure qu'on a également appelé héliographie du mot *helios* soleil et *graphein* graver ou écrire, c'est-à-dire l'art de tracer des images au moyen du soleil, il n'est pas hors de propos de donner un aperçu de ce nouvel art qu'on a baptisé du nom de photosculpture des mots *photos* lumière et sculpture, c'est-à-dire sculpture par la lumière.

L'ingénieux inventeur, M. Willème fait servir les images photographiques à la mise au point du modèle. Voici par quel procédé : M. Willème a fait construire un grand atelier vitré, en forme de dôme hémisphérique, au centre exact duquel la personne dont on veut faire la statuette se place dans l'attitude choisie par l'artiste; autour du modèle et à la distance de trois fois et demie la hauteur du modèle comme rayon, une quantité de chambres obscures à photographier sont rangées à égales distances les unes des autres sur une même circonférence de cercle près de la paroi intérieure de l'atelier; ces appareils, mis au point devant le modèle, sont tous destinés à reproduire dans le même moment et instantanément autant d'images de même grandeur du modèle qui pose au centre. On commence donc par relever par la photographie ordinaire, instantanée autant de représentations du modèle qu'il y a de chambres obscures. Toutes ces images successives donnent donc autant de profils ou silhouettes de la personne ou autant de points de vue qu'on en observe en se plaçant successivement à la place où a été chaque objectif de chambre obscure. On peut donc considérer qu'on a obtenu autant de profils ou coupes verticales du modèle qu'il en faut pour exécuter le relief du modèle, d'après ces profils, en les considérant comme autant de calibres qui serviraient à un tourneur pour exécuter avec leur secours une pièce en terre à modeler.

Pour plus de clarté et de simplicité dans la démonstration des opérations de photosculpture, supposons, au lieu de la personne qui pose, que le modèle du relief qu'on veut reproduire soit une sphère parfaite. Il est évident que chaque image de ladite sphère reproduite par chaque chambre obscure placée sur le cercle où tous les appareils sont rangés à une égale distance comme rayon visuel et a une égale distance entr'appareils, présenter a l'image de la boule ou sphère vue de chaque point de la circonférence isolément. Mais si nous réunissons sous nos yeux la collection de ces représentations de la boule pour les comparer en suivant l'ordre d'arrangement des chambres obscures, nous verrons que toutes ces images ne diffèrent entr'elles que par la manière dont elles sont ombrées si le jour qui éclairait la boule vient de droite ou de gauche.

Si le jour ou le soleil éclairait la boule d'en haut, en étant placé verticalement au sommet ou dans le prolongement vertical de l'axe, toutes les images seraient identiquement semblables. Si on collait sur du carton toutes ces images découpées on aurait des silhouettes de la boule parfaitement égales et autant de coupes verticales.

Pour reproduire en relief de la même grandeur avec de la terre la similitude de cette boule il suffit de connaître ce profil ou cette coupe qui est la même que toutes les autres. Mais si la boule ou sphère parfaite que nous avons mise devant nous, au lieu d'être parfaite, était comme notre terre irrégulière dans sa surface et sillonnée de chaînes de montagnes, de vallées, de volcans ou de fleuves, les profils et les images seraient tous différents.

Quel sera donc le travail du sculpteur qui voudrait faire en sculpture la reproduction exacte de notre globe en réunissant toutes ces coupes? Ce serait de les multiplier le plus possible les unes à côté des autres presqu'aussi serrées que les feuillets d'un dictionnaire; en les embrochant dans une aiguille passant par l'axe vertical, il lui suffira de remplir de terre tous les vides qui séparent une coupe profil d'une coupe ou d'un profil voisin. La difficulté pour lui ne serait pas plus grande que de remplir exactement avec de la terre à modeler une de ces petites lanternes sphériques en papier qui se ploient et peuvent se mettre dans la poche.

Les photographies dont le photosculpteur se sert doivent être nombreuses pour plus d'exactitude, toutes les images prises sur la moitié de la circonférence lui serviront à construire la moitié du relief de son modèle et toutes celles prises des points successifs de l'autre moitié l'aideront à construire la face restante, c'est-à-dire l'autre moitié.

On obtiendrait exactement de même le relevé de tous les profils du modèle au moyen de la chambre claire qu'on placerait successivement et exactement aux mêmes points où l'on aurait pris les points de vue avec la chambre obscure à photographier.

APPLICATION DE LA PHOTOGRAPHIE AUX SCIENCES

La photographie dont Daguerre, Talbot et Niepce sont les pères, est encore très-jeune et pourtant cette noble enfant du génie moderne a doté le monde d'innombrables bienfaits; elle a d'abord montré à tous les peuples les monuments d'architecture et les merveilles de la nature qui remplissent les contrées souvent les plus éloignées, et le plus pauvre de nos paysans les peut contempler sans fatigue au coin de son humble foyer.

Elle a permis au plus pauvre d'avoir à vil prix l'image de son enfant, de son père ou de sa mère et d'en conserver le précieux souvenir après la mort. Elle met en possession les artistes sans fortune des reproductions fidèles de tous les chefs-d'œuvre des maîtres qu'ils ne pouvaient étudier qu'à Rome, Florence, Venise, etc., etc. Mais aujourd'hui, la photographie fait plus, et grâce aux procédés d'agrandissement des épreuves, les astronomes connaîtront la configuration physique de la lune et des autres astres, les naturalistes, à l'aide des épreuves microscopiques grandies, pénétreront de nouveaux secrets de la physiologie et le domaine intellectuel de l'homme s'agrandira de plus en plus.

L'HYGIÈNE
UTILE AUX ARTISTES

Hygiène artistique.

Tous les paysagistes et amateurs qui courent les bois et les campagnes à la poursuite de la science, s'exposent souvent à des rencontres fortuites et à des accidents que la prudence ordonne de prévoir.

On évitera efficacement les morsures de vipères en se garnissant les jambes de bonnes guêtres de cuir montant jusqu'aux genoux.

REMÈDE CONTRE LA MORSURE DE VIPÈRE.

Délayez avec de la salive un peu de chlorure de sodium très-concentré que vous porterez avec vous dans un petit flacon et appliquez sur la plaie en ayant soin de bien faire pénétrer dans la plaie. Il est bon d'appliquer immédiatement une ligature circulaire autour de la plaie pour empêcher l'absorption et la circulation du venin, ne négligez pas de bien laver la plaie avec de l'eau fraîche. Les boissons cordiales dans lesquelles entre l'ammoniaque, l'éther, le sirop d'écorce d'orange, etc., sont recommandées.

LES PIQURES DE BÊTES VENIMEUSES.

L'eau vinaigrée ou salée, ou chargée d'ammoniaque en lotions, calme la cuisson des piqûres de moustiques ou cousins.

PIQURES D'ABEILLES, DE GUÊPES OU DE FRELONS.

On fait des compresses de persil haché avec du vinaigre, ce remède est souverain.

POUR LES COUPURES.

Le plus simple moyen est d'en fermer en les rapprochant, et après les avoir bien lavés, les bords, au moyen d'une bande de diachylum, ou de taffetas d'Angleterre.

On peut appliquer avec succès de la toile d'araignée qu'on recouvre d'un petit bandage de toile.

Les porcelainiers qui se coupent passent un peu d'essence grasse qui aide à la cicatrisation rapide.

Recette anti-hémorrhagique.

Parmi les anti-hémorrhagiques les plus efficaces, et dont le *Journal d'Agriculture pratique* recommande particulièrement l'usage, il faut ranger le vinaigre ou acide acétique, substance universellement connue et employée dans l'économie domestique. Mais il est nécessaire de faire d'abord évaporer l'eau que ce vinaigre contient, ce qu'il est facile d'obtenir en chauffant jusqu'à l'ébulition.

Alors, on trempe une éponge ou un morceau de chiffon dans le liquide tout chaud, et on lave la blessure. Ensuite, on imbibe cette éponge et on la fixe à demeure, sur la plaie, par un bandage qui devra toujours être mis avec soin.

Le vinaigre concentré (acide acétique faible) agit sur les corps vivants à la manière de tous les acides, c'est-à-dire qu'il est astringent, styptique, rafraîchissant, stimulant, puis irritant, suivant qu'il est plus ou moins concentré.

Chauffé, il produit une sorte d'astriction sur les tissus.

On l'emploie, d'ailleurs, comme médicament interne et externe dans une foule de préparations.

PLAIES PAR UNE CONTUSION QUI A ENLEVÉ L'ÉPIDERME.

Des compresses d'eau-de-vie faites avec un peu de ouate resserrent les tissus et aident à former une croûte que les filandres du coton favorisent, on continue ces compresses qui sont d'abord douloureuses, mais enlèvent bientôt l'inflammation et empêchent la suppuration. Quand la croûte est formée gardez vous de l'enlever, elle tombera bientôt d'elle-même.

PIQURE DITE ANATOMIQUE TRÈS-GRAVE.

C'est-à-dire par un couteau, ou un outil pointu ou tranchant ayant servi à quelque opération de dissection ou ayant touché quelque cadavre malsain.

Ayez d'abord soin de la bien laver avec de l'eau, dans laquelle, s'il se peut, vous aurez mis quelques gouttes de Phenol Bobœuf qui est un désinfectant des plus efficaces, mettez immédiatement un cataplasme de mie de pain rassis, arrosé d'une forte décoction de guimauve, ajoutez à ce mélange 2 cuillerées à café de chlorure d'oxyde de sodium dont vous aurez un flacon bien bouché.

Boire matin et soir un verre d'eau sucrée, plus une cuillerée à café de chlorure d'oxyde de sodium.

Dans les vingt-quatre heures on boira trois fois par jour, une heure avant déjeuner, une heure avant dîner et vers minuit le jus d'un demi citron sans eau ni sucre, si le mal est avancé, on ajoutera à ce traitement journalier un lavement de décoction de plantain.

L'escarre sera enlevée au bistouri et la surface mise à vif sera touchée au nitrate acide de mercure, puis recouverte avec un cataplasme de forte décoction de plantain, mie de pain et chlorure de sodium.

Ce traitement a toujours réussi.

Nouveau remède contre la rage.

Laver immédiatement la blessure à l'eau chaude, puis

appliquer sur la plaie la potasse caustique avec un pinceau mettre ensuite du beurre d'antimoine. On mange des tartines de pain et beurre saupoudrées de poudre de racine de plantain aquatique.

Moyen d'apaiser la soif.

Grata nobilium requies ciborum lactuca. Auguste, dans sa maladie apaisait sa soif en suçant une feuille de laitue. Le cœur de laitue est un calmant puissant.

Les forgerons romains usaient beaucoup de la chicorée.

Hygiène des yeux.

Voici, d'après le *Courrier des familles*, un moyen bien simple pour extraire, sans le secours d'aucun instrument, les petits corps étrangers qui s'engagent si souvent dans l'œil, sous la paupière, et où, par leurs présence ils déterminent toujours une sensation des plus désagréables, qui devient parfois une très-vive souffrance.

Ce procédé est indiqué par M. le docteur Léon Renard, médecin aide-major de l'armée, et se substituera avec avantage aux méthodes aujourd'hui en usage et qui consistent à renverser la paupière, à passer au-dessous une bague ou tout autre objet semblable, ce qui ne fait qu'irriter l'œil souvent sans résultat.

Voici ce nouveau moyen :

La paupière supérieure étant saisie, près de ses angles internes et externes, avec le pouce et l'index de l'une et de l'autre main, on l'attire légèrement en avant, et on l'abaisse immédiatement aussi bas que possible sur la paupière inférieure; on la maintient ainsi pendant une minute environ et en ayant bien soin d'empêcher la sortie des larmes.

Lorsque, après ce temps, on laisse reprendre sa position à la paupière supérieure, un flot de larmes a entraîné le petit corps étranger; on le retrouve sur le bord de la paupière inférieure, ou sur un cil.

L'eau fortement sucrée, glissée dans l'œil sous la paupière et goutte à goutte, est un remède excellent pour dissoudre la chaux, dont une goutte peut avoir été introduite. L'eau sucrée dissout la chaux.

Les paysagistes, les peintres de fleurs et de fruits, doivent savoir qu'il est imprudent de dormir sous certains arbres et de laisser les fleurs la nuit dans une chambre à coucher; ce n'est pas en viciant l'air des appartements par le dégagement d'acide carbonique que les fleurs odorantes agissent sur l'homme d'une façon pernicieuse, (les végétaux n'en exhalent pas dans l'obscurité), ils rendent au contraire de l'oxygène qui ne pourrait que salubrifier l'atmosphère d'un lieu habité; mais seulement l'huile volatile à laquelle les fleurs doivent leur parfum, se rapproche par ses effets, des éthers et des fluides à propriétés anesthésiques. Il serait très-dangereux même de passer la nuit dans un lieu rempli de corbeilles d'oranges. Un garçon épicier faillit récemment être asphyxié, pour avoir dormi dans un réduit qui en était rempli.

L'organe de la vue est, après le cerveau, celui dont l'artiste doit le mieux connaître l'usage; il est de tout intérêt de le ménager, car la perte des yeux est irréparable.

Il est funeste d'ignorer la portée et les forces de notre vue qui a des limites. On la fatigue souvent sans s'en douter; on en abuse, on la surmène et on la perd ainsi de bonne heure.

Les images déposées par la lumière sur la rétine de l'œil s'y peignent renversées, mais nous voyons les objets dans leur position réelle, parce que nous voyons, non pas l'image sur la rétine, mais les objets hors de nous. — Nous apprécions les distances à l'inspection seule des objets; l'image sur la rétine est plus ou moins grande, suivant que l'objet est plus ou moins rapproché, certains détails cessent d'être visibles à une distance déterminée de l'objet. Pour les grandes distances il y a des différences notables de clarté à cause du plus ou moins de lumière absorbée par l'air. L'angle visuel que forment les axes des yeux change suivant que l'objet s'éloigne ou se rapproche.

Pour mieux comprendre les phénomènes de la vision, il est utile de lire la description suivante :

« L'œil, placé dans sa cavité osseuse, y est maintenu par six muscles qui lui permettent de s'y mouvoir dans toutes les directions. Outre ces muscles enveloppants, il y a des muscles internes appliqués à chaque partie de l'œil; une foule de petits nerfs y aboutissent. La sclérotique est cette membrane dure, vulgairement appelée blanc de l'œil, membrane enveloppant l'organe de la vue. La cornée transparente s'y enchâsse en avant comme un verre de montre. L'iris est placé derrière; cette cloison membraneuse colorée est percée d'un trou, la pupille, qui se dilate ou se rétrécit suivant la quantité de lumière nécessaire à la vision. Après vient le cristallin, véritable lentille, pièce principale de l'instrument. Il sépare le globe total de l'œil en deux chambres, l'une antérieure remplie par l'humeur aqueuse, l'autre, postérieure, pleine de l'humeur vitrée et tapissée par la rétine, que l'on considère comme l'expansion du nerf optique. Tout cela constitue une vraie chambre noire : diaphragme, lentille achromatique, écran, tout s'y trouve. Les objets extérieurs viennent se peindre avec une netteté parfaite sur la rétine et le nerf optique transmet les impressions au cerveau.

La chambre noire.

Pour donner une idée de ce qui se passe dans l'intérieur de l'œil, fermez hermétiquement les volets d'une chambre et ajustez à un trou percé sur la rue un tuyau de carton d'un pied de long et de quatre à cinq pouces de diamètre, se terminant au dehors par une lentille de verre convexe dont vous aurez couvert le bord avec un petit cercle de carton appelé diaphragme pour rétrécir la voie de la lumière qui y entrerait trop abondamment, dans ce premier tuyau faites-en marcher un second couvert d'un vélin fin ou d'un morceau de boyau de bœuf du côté par où il entre dans le premier tuyau. Supposons qu'au dehors de la fenêtre il s'élève dans la rue une colonne ou un obélisque, choisissons sur ce monument trois points l'un au milieu, un autre en haut et un troisième en bas. La lumière vient de toutes parts sur ces trois points, et en est réfléchie ou renvoyée vers nous en tout sens jusque sur le diaphragme du verre lenticulaire en droite ligne par des rayons dont elle est douée.

Parmi ces rayons qui tombent sur le verre, ceux qui enfilent directement le milieu de la lentille bombée arrivent sans aucune inflexion, c'est-à-dire d'aplomb sur la surface courbe extérieure, et vont donner directement sur le vélin qui couvre le deuxième tuyau; les autres rayons qui tombent sur les autres points de la surface du verre qui est déjà un peu inclinée, sont un peu obliques à l'égard du rayon central dont nous venons de parler, ils s'y plient en s'approchant un peu de la perpendiculaire et par ce fait se rapprochent du rayon du milieu.

Ils vont se rendre sur le même point, ceux qui tombent plus loin sur le bord du verre sont plus obliques et y sont reçus sur une surface plus inclinée; ils s'y plieront à proportion, et ce pli étant plus fort les ramène encore sur le vélin au même point du milieu où est arrivé le rayon perpendiculaire. Tous ces rayons rassemblés en un point peignent fortement au milieu du vélin le milieu de la pyramide. La gerbe de rayons lumineux qui d'un point d'où ils partent arrivent en s'élargissent sur le verre comme un pain de sucre, peut se nommer un cône de lumière, et au contraire, la gerbe de rayons réfléchis qui, traversan, le verre, s'y plient, vont se réunir sur le vélin, sera appelée pinceau, parce que tous ces rayons rassemblés d'un point de l'objet sur le vélin qui, sans l'intervention du verre, aurait laissé peu de trace, y marquent, au moyen de la lentille, très-nettement un des points de l'image du modèle.

Du point sommet de la pyramide, concevez un cône de rayons lumineux qui tombe sur le verre, les pièces de ce cône pliées à proportion de leur obliquité, iront se rassembler en un pinceau dont l'extrémité se trouvera nécessairement au bas du vélin, au contraire, et, du pied de la pyramide, il monte sur le verre un cône de lumière qui ira se réunir en une pointe de pinceau vers le haut du vélin. Il en sera de même de tous les autres points de la pyramide à proportion, en faisant glisser le deuxième tuyau en avant ou en arrière, vous amènerez le vélin au foyer qui n'est autre chose que le juste milieu où se fait régulièrement la réunion des masses de rayons provenant de chaque point en autant de pinceaux. De tous les pinceaux, il résulte une multitude de petits points vifs, colorés et précis, qui étant proportionnellement rangés entre eux comme ceux de la pyramide le sont en grand, vous en présentent sur le vélin une image dont la fidélité l'emporte sur celle de tous les tableaux des plus grands maîtres de l'art. Mais comme les rayons venus d'en bas se réunissent au haut du vélin, ce qui est devenu la droite de l'obélisque s'assemble à gauche sur le vélin et ainsi du reste ; l'image est renversée, le piédestal est en haut et le sommet en bas.

Ce qui vient de se passer dans la chambre fermée (chambre obscure) se passe dans le même ordre dans nos yeux. Le cercle de carton ou diaphragme de carton destiné à rejeter les rayons qui viendraient brouiller par leur trop grande abondance ou affaiblir l'image par le peu de justesse de leur réunion, correspond dans notre œil à la partie qu'on nomme l'iris qui est la surface colorée qui entoure le noir de la prunelle, avec cette différence que le cercle de carton ne varie point dans son ouverture, au lieu que le diaphragme de nos yeux, par le jeu de ses petits muscles s'élargit à propos quand nous avons besoin d'une plus forte lumière, et se resserre quand le trop de lumière peut brouiller l'image et fatiguer l'organe. Passez de l'ombre au grand jour et du grand jour à l'obscurité un miroir à la main, et vous verrez votre prunelle s'élargir à mesure que le jour sera grand.

La manière dont les rayons sont pliés dans le verre convexe et dans l'air qui le suit jusqu'au vélin est une imitation du pli des rayons dans les substances liquides qui composent nos yeux.

C'est par un effet de notre jugement que nous voyons les objets hors de nous, car un aveugle né auquel on donne la vue à l'âge adulte, dit d'abord que les objets lui touchent les yeux ; ce n'est que graduellement qu'il apprendra à juger de la distance.

Presbytisme.

La cornée de l'œil s'aplatit chez les vieillards par l'effet de l'âge, et la vue s'affaiblit. Les lunettes, dites *convergentes*, plus ou moins bombées, viennent alors combler le vide formé par l'affaiblissement de la cornée qui détermine qu'on appelle le presbytisme.

Le presbytisme, ou vue des vieillards, s'observe aussi dans la jeunesse par défaut de conformation.

La cornée trop plate perd son pouvoir de réfraction, aussi, pour lire, faut-il, dans ce cas, éloigner le livre.

Myopie.

La cornée trop bombée ou trop convexe produit ce qu'on nomme la myopie, qui oblige à tenir les objets très-près de l'œil pour les bien distinguer. Cette disposition trop sphérique resserre les rayons lumineux et les rassemble avant de rencontrer la rétine, c'est-à-dire en formant un cône dont le sommet ne peut atteindre le fond de la rétine, ce qui fait que les objets éloignés ne donnent que des images confuses.

Le mot myopie ou myope (du grec *myops*, œil de mouche, les mouches ayant l'œil très-proéminent), ou mieux de *myô*, cligner de l'œil, parce que les myopes sont obligés de cligner des yeux pour distinguer mieux. Les rayons lumineux étant trop peu divergents, on a augmenté la divergence en approchant les objets de l'œil. Ce défaut de la vue diminue en vieillissant. Pour le corriger on emploie des lunettes à verres concaves.

Les conditions de lumière ou d'éclairage de l'atelier du laboratoire ou du cabinet de travail sont de la plus haute importance pour la conservation de la vue.

FACULTÉ D'ACCOMMODATION.

Dans l'état normal, l'œil s'adapte aux différentes distances, il s'accoutume à voir dans un lieu même fort peu éclairé, mais il est blessé par l'impression subite d'une grande lumière, parce que le nerf de l'œil reçoit trop de rayons lumineux avant que la pupille ait eu le temps de se contracter. Une bougie allumée apportée subitement devant vos yeux pendant la nuit nous fait mal aux yeux, parce que la pupille se dilatant beaucoup dans les ténèbres, les pupilles dilatées reçoivent trop de lumière.

On ne peut rien voir dans la rue quand des bougies ou autres lumières sont allumées dans l'endroit où l'on se trouve, parce que la pupille contractée sous l'influence de la lumière est dans le moment trop petite pour réunir assez de rayons diffus provenant des objets éclairés par le jour. Si l'on séjourne quelque temps dans un endroit obscur, la pupille se dilate graduellement et permet à un plus grand nombre de rayons épars de passer à travers son ouverture.

Le soleil brillant éblouit, et nous voyons ensuite des taches noires ou rouges, suite de l'irritation du nerf optique. L'éblouissement provient de ce que l'œil se contracte tellement à la trop grande lumière, qu'elle ne laisse plus passer assez de rayons pour nous faire distinguer la couleur des objets moins éclairés.

Les chats et toute leur race, les tigres, etc., et les hiboux ont la faculté de voir dans les ténèbres parce que leurs pupilles s'élargit selon le besoin, et peut rassembler par ce fait les rayons de lumière les plus épars dans la nuit. Cet effet de l'accommodation de leurs yeux produit sans doute chez eux une grande fatigue qui est probablement la cause de leur amour du sommeil pendant le jour.

Il est fatiguant de travailler exposé à une trop grande lumière ou dans un atelier trop chauffé, les yeux et la tête peuvent en souffrir. L'humidité n'est pas moins nuisible.

La vue s'affaiblit par une foule de causes qu'il faut rechercher soi-même ; on ne saurait trop engager chacun à faire la plus grande attention au choix des lunettes lorsque la vue en exige l'emploi ; car choisir judicieusement et en temps utile, elles sont un moyen assuré de conservation, mais elles perdent totalement la vue en cas contraire. Ces dernières doivent avoir non-seulement des verres très-bien choisis, mais aussi des montures adaptées à l'écartement des yeux, qui varie selon les personnes ; il faut aussi chercher la hauteur convenable que doit avoir le pont des lunettes qui s'appuie sur le nez. L'ingénieur Chevalier (galerie de Valois, n. 158, au Palais-Royal), auteur de l'*Art de l'Opticien*, et de l'*Abrégé de l'Hygiène de la vue*, a inventé le pupillomètre, l'axomètre et le bésiclomètre, instruments des plus ingénieux pour assurer le bon choix des lunettes.

Le choix du numéro des lunettes est aussi très-important.

Pour les presbytes, le numéro pour lire ou pour travailler ne doit être ni trop fort ni trop faible. On s'en servira à une distance maximum de 30 à 32 centimètres du livre, sans jamais regarder au-delà, ce qui altérerait la vue.

Un seul numéro suffit pour le jour et le soir. On évitera l'emploi des verres colorés, car beaucoup de lumière est nécessaire à la vue distincte des presbytes, et si vous affaiblissez la lumière par une teinte il faudra augmenter le numéro.

La lecture le soir est nuisible.

Le presbytisme ainsi que la myopie ont de graves inconvénients pour les études d'art d'après nature. Les myopes ne peuvent sans grande difficulté faire des académies d'après nature ni copier de grands tableaux; la miniature leur est facile ainsi que les peintures sur émail de petite dimension, à cause de la sphéricité de leurs yeux qui en font comme des loupes et leur permettent de se livrer sans fatigue aux travaux les plus minutieux et les plus finis. Le choix des lunettes pour les myopes est tout aussi important que pour les presbytes.

L'art de choisir des lunettes, par *l'indicateur de la vue* de M. Colombi, instrument très-simple qui consiste en une plaque percée d'une ouverture qui permet au rayon visuel de la traverser et sur lequel se trouve fixé un ruban; on place en face de soi une seconde plaque, portant des caractères d'impression de diverses grosseurs, de manière à glisser le long du ruban. Pour mesurer la distance de vision, il suffit de tenir près de l'œil l'ouverture de la première plaque et de regarder à quelle distance minimum et maximum on peut voir réellement les caractères imprimés sur la seconde plaque, les divisions inscrites sur le ruban donnent la mesure, la moyenne entre le minimum et le maximum donne la vision distincte pour travailler sans fatigue.

En se servant de l'indicateur de la vision, système Colombi, on reconnait que pour une vue normale très-saine la distance minimum varie de 10 à 15 centimètres, et la distance maximum de 50 à 55 centimètres.

Plus on vieillit plus le point minimum s'éloigne; lorsqu'il atteint 35 centimètres on est presbyte.

Dans la myopie, c'est le contraire, les distances minimum et maximum sont plus rapprochées, ce qui explique pourquoi un myope distingue de près dans les plus petits détails ce qu'un presbyte ne saurait voir et la difficulté qu'il éprouve à voir de loin.

La distance de vision une fois déterminée, le degré de myopie sera le foyer ou le numéro du verre qui doit ramener la vision au foyer normal. Le numéro est indiqué au moyen d'une table calculée pour les distances.

Exemple : Supposons que la distance minimum de vision d'un myope soit de 9 centimètres, et le maximum de 19 centimètres, la vision distincte sera à 14 centimètres, ou, pour parler le langage des opticiens, à cinq quarts de pouce. Le foyer de la lentille pour ramener la vue d'un myope à un foyer normal, sera 9 pouces; la myopie sera dite au neuvième degré.

Pour une vue presbyte un peu avancée, les caractères moyens ne peuvent plus être distingués, et *a fortiori* les plus petits; il en résulte qu'aucune formule ne peut être employée pour calculer le numéro convenable cherché; pour y suppléer, M. Colombi a eu l'ingénieuse idée de réunir sur une feuille des caractères de différentes grandeurs au moyen desquels on peut déterminer le degré d'affaiblissement, et par suite le foyer des verres qu'il convient d'employer.

Exercices gymnastiques.

Les courses faites d'un pas modéré et égal à travers les bois et les champs dans la belle saison, le matin de bonne heure, sont toujours des plus salutaires ; si elles sont trop longues, elles fatiguent, mais si elles ne sont que de simples promenades avant le travail, rien de meilleur pour la santé : elles préparent une journée facile en ouvrant les poumons et le cerveau.

Les exercices violents surtout trop prolongés n'ont rien d'utile aux hommes de cabinet. La natation, le patinage, les courses à cheval sont éminemment propres à rendre au sang l'activité qu'il perd dans les occupations sédentaires. L'escrime est un des meilleurs exercices pour l'artiste dont les bras, comme chez les peintres et les écrivains, demeurent inactifs, ainsi que les jambes. Elle a cet avantage de pouvoir se pratiquer en toute saison avec des amis et quelque temps qui fasse.

Le jardinage est particulièrement agréable aux dames ; il n'est pas dénué de fatigues, mais le plaisir qu'il procure est universellement apprécié. En plein air, les jeux de ballon qui exercent à la fois le coup d'œil et l'adresse, favorisent efficacement le maintien et le développement de nos forces musculaires.

Mais il est un âge où le corps a plus besoin de repos que de mouvement et où la simple promenade horizontalement pratiquée en plein air, sous de belles avenues de parc, est ce qui convient le mieux à la santé.

L'activité du corps et celle de l'esprit doivent être en harmonie avec l'âge et les besoins artistiques professionnels de chacun dans l'intérêt de la santé.

La vie régulière, laborieuse, ou tout au moins utilement remplie, est la plus salutaire. Soyez matinal, sachez diviser votre travail et bien partager le temps entre les occupations nécessaires, les devoirs de la vie sociale et les agréments de distraction qu'il est toujours permis de se donner en tant qu'ils ne nuisent pas à autrui, et vous serez assurez d'une santé robuste, indispensable à votre bonheur et au libre exercice de vos facultés intellectuelles.

Les grandes villes fournissent aux artistes ou à ceux qui cultivent l'art, des ressources sans doute abondantes et fécondes pour la culture et la satisfaction des besoins de l'esprit, tels que les musées, les écoles, les bibliothèques. Mais loin de ces grands centres, les beautés de la nature fournissent au développement des facultés artistiques pittoresques des éléments bien plus originaux d'inspiration.

Ce n'est pas au milieu du tourbillon des tabagies et des cafés les plus luxueux de Paris que l'artiste trouvera le calme nécessaire aux études d'art.

La jeunesse de nos ateliers et de nos écoles s'y précipite beaucoup trop.

Les voyages artistiques, rendus si praticables par les moyens rapides de locomotion, sont des méthodes d'instruction éminemment hygiéniques.

Mais pour que les voyages soient fructueux, il faut y avoir été préparé par une éducation préalable, je dirai par la connaissance intime du vrai but social de l'art qui n'est pas, comme le croient quelques-uns, une simple invention de distractions agréables.

Il faut avoir la foi dans l'art même et vouloir, en le pratiquant utilement, en rehausser l'éclat. L'art stérile n'est rien, et toutes les connaissances scientifiques qu'on en peut posséder seront nulles si elles ne sont mises en pratique dans le grand but d'utilité sociale de pacifier le monde en rendant les mœurs plus douces. Qu'il nous soit permis de développer ici, en quelques mots, la manière dont nous concevrions l'*initiation artistique* nécessaire par une méthode raisonnée d'éducation.

LE BUT que les amateurs doivent se proposer et envisager dans les études d'*art* est d'acquérir avant tout des notions exactes et rapides qui les aident à régler leurs impressions artistiques et leur facilitent le *commerce intime* avec la NATURE, dans tout ce que la vue peut atteindre. Il s'agit donc pour eux d'apprendre à voir *premièrement* et à comparer les objets qui diffèrent entre eux par la GRANDEUR, la FORME, la COULEUR, et à les imiter facilement avec choix et discernement *ensuite*.

L'UTILITÉ. Méditer sur la nature, c'est remonter vers son auteur par l'appréciation de son œuvre ; méditer sur les créations du génie, c'est fortifier en nous le sentiment de a dignité humaine et de notre gratitude envers Dieu pou tous les biens dont il nous a comblés. Le riche comme le pauvre, en s'y appliquant, élève donc son âme et travaille à son propre bonheur.

LES MOYENS que nous proposons sont *l'éducation de l'œil* par la reflexion, et la *docilité de la main* par l'exercice au service de la *volonté* pour concourir à la *production*.

La considération attentive des formes, de leurs caractères, leurs combinaisons et les sens qu'elles présentent à l'esprit dans toutes les circonstances où elles frappent nos regards, fourniront la manière de les fixer et classer dans la mémoire. Des *expériences raisonnées sur la couleur* démontreront les merveilleux effets des *contrastes* et du *mélange*, et éclairciront pour tous la signification des mots : TON, GAMME, NUANCE. Tout exercice de l'œil propre à exercer, à mesurer rapidement les trois dimensions du corps sera efficace. En observant qu'un grand objet frappe toujours davantage qu'un petit à mérite égal, on comprendra par là que l'exagération du *volume* détruit souvent l'harmonie dans un ensemble dont la beauté consiste dans la proportion entre les parties.

La main s'accoutumera au tracé gradué de tous les genres de lignes, sans reprises, avec légèreté, élégance et précision ; des observations faites sur les habitudes et la pose des doigts enclins à pencher les lignes dans le sens des caractères de l'écriture, expliquant cette disposition, enseigneront à la combattre en écrivant à rebours.

La comparaison curieuse des formes calligraphiques de nos alphabets aiderait puissamment l'enfance à l'intelligence des lignes, de concert avec celle des figures régulières de la géométrie.

La simplicité et la variété des remarques entretiendront l'activité d'esprit de l'élève et l'entraîneront malgré lui et sans fatigue à de nouvelles recherches.

LAGNY— Imprimerie de A. VARIGAULT

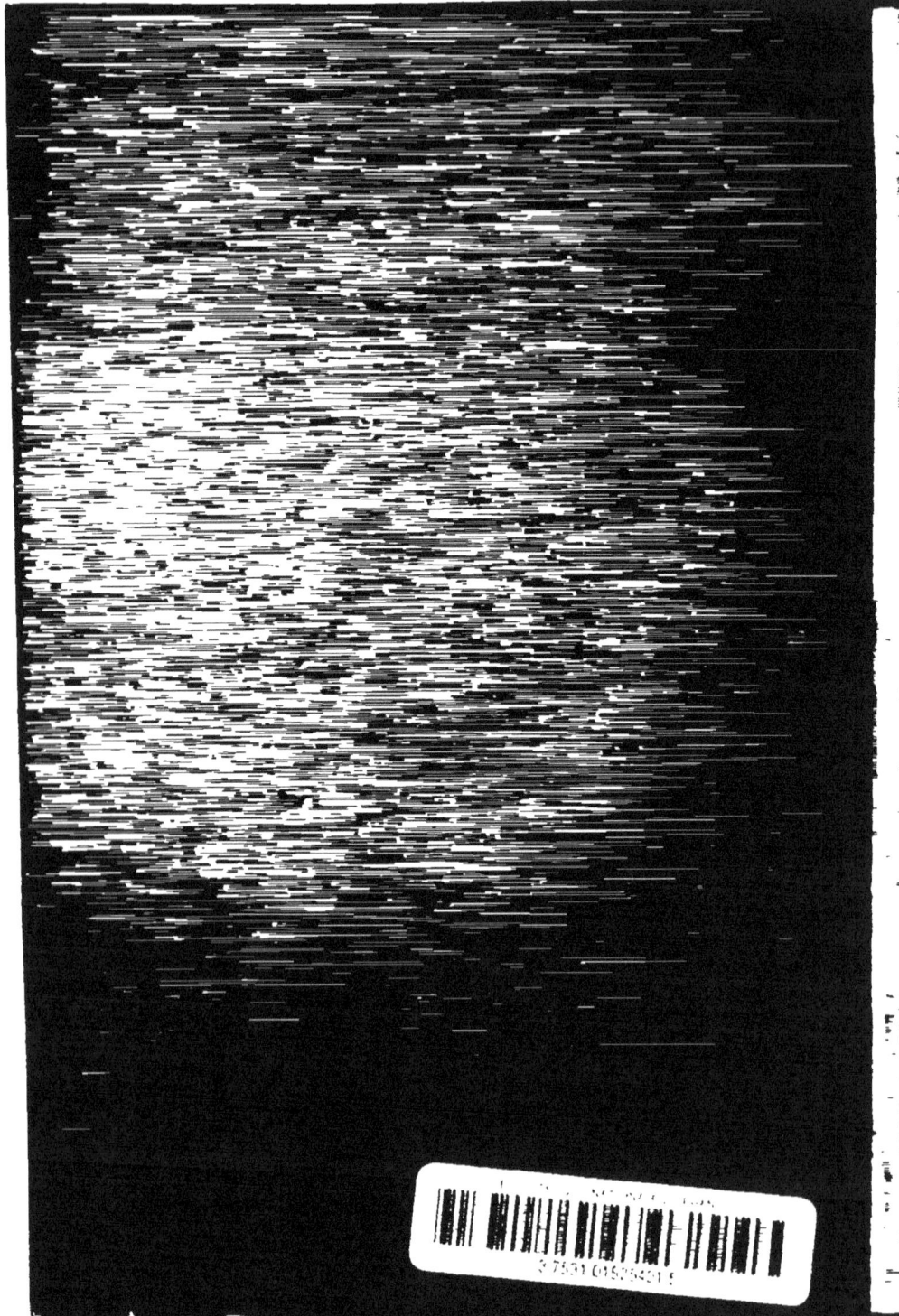

www.ingramcontent.com/pod-product-compliance
Lightning Source LLC
Chambersburg PA
CBHW060208100426
42744CB00007B/1213